지은이

토마 피케티
Thomas Piketty

프랑스 파리경제대학교 교수. 소득과 불평등에 대해서 연구하는 경제학자이자 역사를 탐구하는 사회과학자다. 재분배와 글로벌 자본세를 내세운 《21세기 자본》으로 세계적인 명사로 떠올랐다. '21세기의 마르크스'로 불리며, 2013년에는 유럽 경제 연구에 탁월한 기여를 한 45세 이하 경제학자에게 수여하는 이리외 얀손 상을 받았다. 저서로는 《자본과 이데올로기》《평등의 짧은 역사》《불평등 경제》 등이 있다.

지은이

마이클 샌델
Michael J. Sandel

미국 하버드대학교 정치철학과 교수. 존 롤스의 《정의론》을 비판한 논문 〈자유주의와 정의의 한계(Liberalism and the Limits of Justice)〉(1982년)를 발표하면서 세계적인 명성을 얻었다. 오늘날 가장 영향력 있는 정치철학자이자 대중 지식인으로, 공동체주의자다. 저서로는 부동의 베스트셀러 《정의란 무엇인가》를 비롯해 《공정하다는 착각》《돈으로 살 수 없는 것들》《당신이 모르는 민주주의》 등이 있다.

기울어진 평등

EQUALITY

토마 피케티   마이클 샌델
Thomas Piketty   Michael J. Sandel

부와 권력은 왜 불평등을 허락하는가

EQUALITY

기울어진 평등

장경덕 옮김

와이즈베리
WISEBERRY

차 례

일러두기

이 책은 토마 피케티Thomas Piketty와
마이클 샌델Michael J. Sandel이
2024년 5월 20일 파리경제대학에서 한
대담을 편집한 것입니다.

1. 왜 불평등을 걱정하는가?

샌　델　토마, 파리경제대학에서 평등에 관한 대담을 주최해
주어서 감사합니다. 평등이 무엇을 의미하는지 탐구
하는 한 가지 방법은, 먼저 왜 불평등이 문제가 되는
지 묻는 것입니다. 당신의 연구는 소득과 부의 불평
등이 얼마나 극명한지 우리 모두에게 똑똑히 보여주
었습니다. 그럼 불평등 문제부터 이야기해 볼까요?
당신은 유럽에서 가장 부유한 10퍼센트 계층이 전체
소득의 3분의 1 이상을 가져가고, 전체 자산의 절반
이상을 소유한다는 걸 보여줬지요. 미국에서는 불평
등이 더 두드러집니다. 많은 이가 그걸 걱정합니다.
그런데 정확히 왜 불평등이 문제일까요?

피케티 우리가 이 문제를 논의할 자리를 갖게 되어 매우 기쁘게 생각합니다.

먼저 저는 평등과 불평등 문제에 낙관적이라는 점을 강조하고 싶군요. 2021년에 낸 제 책 《평등의 짧은 역사》(한국어판 2024년 출간)에서도 이 점을 밝혔는데요, 이 책에서 저는 오늘날 유럽과 미국, 인도, 브라질을 비롯해 전 세계적으로 많은 불평등이 있어도 길게 보면 세계는 더 평등한 쪽으로 움직여왔다는 점을 강조했습니다. 이런 움직임은 어디서 비롯된 것일까요? 이런 이야기가 당신의 질문에 대한 한 가지 답이 될 겁니다. 이 움직임은 권리의 평등을 원하는 강력하고 거대한 정치적 요구와 사회 운동에서 비롯되었습니다. 교육과 의료를 포함해 사람들이 기본재fundamental goods로 생각하는 것들에 접근할 권리, 투표할 권리, 그리고 더 일반적으로는 다양한 형태의 사회적·문화적·경제적·시민적·정치적 삶에 가능한 한 완전히 참여할 권리의 평등 말입니다. 당신은 저서에서 자치self-government와 참여의 역할을 강조해왔지요. 저도 민주적 참여와 자치에 대한 이런 욕구가 장기적으로 더 많은 평등으로 나아가게 하는 힘이었다고 생각합니다.

　그런데 이런 움직임은 오랜 시간 이어져온 것이 아닙니다. 확실히 선사시대부터 시작되지는 않았지요. 이런 움직임은 특히 18세기 말 귀족 계급의 특권을 폐지한 프랑스 혁명, 그리고 어느 정도는 미국 혁명과 함께 시작되었습니다. 평등을 향한 움직임은 또 19세기에 노예제가 폐지되고, 노동 운동이 일어나고, 남성 보통 선거와 뒤이은 여성 보통 선거 운동이 거세지면서 계속되었습니다. 20세기에는 사회 보장 제도 발전과 누진 세제progressive taxation, 탈식민지화와 더불어 계속됐고, 최근 몇십 년 동안에도 이어져왔지요. 우리는 때로 1980년대에 시작된 신자유주의 시대를 두고 불평등이 증가한 시기라고 이야기합니다. 어느 정도는 맞는 말입니다. 하지만 어떤 차원에서는 장기적으로 더 많은 평등으로 나아가는 움직임이 계속됐습니다. 젠더 불평등과 인종 간 불평등, 지구촌 북부와 남부의 불평등 면에서 그랬지요. 제가 보기에 앞으로도 이런 움직임이 계속될 겁니다. 왜 그럴까요? 현대성modernity이 고조되면서 그와 더불어 민주 의식이 높아지고, 기본재에 대한 평등한 접근, 모든 형태의 참여, 모든 형태의 존엄성에 대한 욕구가 커지기 때문입니다. 이런 것이 실제로 장기적인 추동력이 되지요. 경제적 차원의 불평등에 대해서도 마찬가지입니다.

소득과 부의 불평등에 관한 당신의 구체적인 질문에 대해 결론을 내자면, 오늘날 불평등의 높은 수준에 관해 당신이 언급한 수치는 맞습니다만, 100년 전에 불평등은 이보다 훨씬 심했습니다. 200년 전에는 그보다 더 심했고요. 그러니까 길게 보면 진보가 이뤄진 것입니다. 절대 쉽지 않은 일이었지요. 진보는 언제나 엄청난 정치적 투쟁과 사회적 운동을 필요로 했습니다. 진보는 계속 이런 식으로 이뤄질 겁니다. 좋은 소식은 이 싸움을 이길 수 있다는 것, 그리고 과거에도 이긴 적이 있었다는 사실입니다. 이런 싸움들을 연구하는 것이 아마 우리가 다음 단계를 준비하는 가장 좋은 방법일 테지요.

샌 델   당신은 방금 불평등이 왜 문제인지 세 가지 이유를 밝혔습니다. 첫 번째는 기본적으로 필요한 것들에 대한 모두의 접근권에 관한 것입니다. 두 번째는 정치적 평등, 다시 말해 발언권과 권력, 참여에 관한 것입니다. 당신이 간략히 언급한 세 번째 이유는 존엄성에 관한 것이지요. 저는 평등과 불평등이 왜 중요한지 이 세 가지 이유를 각각 살펴보고자 합니다.

가령 우리가 오늘날과 똑같은 소득과 부의 불평등을 겪고 있는데, 어떻게 해서든 이런 경제적 불평등으로부터 정치적 과정을 차단할 수 있다고 해봅시다. 그러니까, 우리가 선거 운동을 할 때 사적으로 기부를 받지 않고 공적으로 자금을 조달할 수 있다고 상상해보는 거지요. 힘 있는 기업과 돈 많은 개인이 정치에 과도하게 목소리를 낼 수 없도록 로비를 규제할 수 있다고 생각하는 겁니다. 어떻게 해서든 우리가 소득과 부의 불평등이 정치적 목소리를 내고 정치에 참여하는 데 영향을 미치지 못하도록 차단할 수 있다, 이렇게 가정해보자고요. 그리고 우리가 더 관대한 복지 국가를 통해 의료, 교육, 주택, 식품, 교통처럼 인간에게 기본적으로 필요한 것들에 접근하는 문제를 해결할 수 있다고 상상해봅시다. 그래서 첫 번째 관심사인 기본재에 대한 접근 문제와 두 번째 관심사인 정치적 목소리와 참여 문제를 해결할 수 있지만, 소득과 부의 불평등은 여전히 내버려둔 다고 가정하는 것이지요. 그래도 여전히 문제가 있을 까요?

피케티 그래도 문제가 있을 것으로 생각합니다. 특히 기본적 인 존엄성 문제가 있을 테고, 불평등에 따르는 인간 관계와 권력 관계의 문제도 있겠지요. 경제적 격차는 단지 경제적 격차에 그치지 않습니다. 사회적 격차 문제가 따라옵니다. 정치와 언론에 대한 기업의 입김 은 분명 돈이 공적 영역에 미치는 가장 뚜렷한 영향 이지요. 오늘날 이 같은 소득과 부의 분배 구조에서 이 문제를 어떻게 풀 수 있을지 상상하기란 매우 어 렵습니다. 설사 그럴 수 있다고 하더라도 당신의 사 고 실험을 진지하게 생각해보면, 우리는 여전히 다른 사람들의 시간을 사는 구매력 면에서 거대한 불평등 을 겪게 될 겁니다. 그러니까, 만약 제가 한 시간 동 안 번 소득으로 당신이 1년 내내 일하게 할 시간을 살 수 있다면, 이는 인간관계에서 일종의 사회적 격 차를 의미합니다. 매우 심각한 걱정과 의문을 자아낼 격차이지요. 민주주의와 자치정부에 관한 우리의 이

상을 이루는 것 자체가 거대한 경제적 불평등 때문에 위협받을 겁니다. 우리의 이상에는 정치적 운동의 공식적인 조직과 뉴스에 대한 공식적인 접근뿐만 아니라 지역 공동체의 모든 비공식적인 관계도 포함됩니다. 이는 사람들이 서로 소통하며 함께 숙의해 가는 사회적 관계이지요.

마지막으로 제가 보기에 가장 중요한 정치적·철학적 논거는 사실상 역사적 논거인데요, 역사적으로 볼 때 우리는 이 모든 문제를 함께 해결할 수 있었다는 겁니다. 우리는 그동안 불평등을 크게 줄일 수 있었습니다. 기본적 재화와 정치적 참여에 대한 접근권뿐만 아니라 경제적인 면에서의 소득과 부의 불평등까지도요. 오늘날 상황을 볼까요? 최근 몇십 년 동안 불평등이 커졌다고 해도, 유럽에서 상위 10퍼센트 혹은 상위 1퍼센트와 하위 50퍼센트 혹은 하위 10퍼센트 간 소득 격차는 100년 전보다 크게 줄었습니다. 심지어 미국에서도 마찬가지입니다. 유럽만큼은 아니어도 100년 전과 비교하면 불평등이 줄어든 것이 사실입니다.

이렇게 우리는 길게 보면 더 큰 평등을 향해 움직

여왔는데요, 이는 번영을 대가로 이룬 것이 아니었습니다. 혹은 우리가 평등과 균형을 맞추고 싶어 할 다른 정당한 목표들 가운데 어떤 것이라도 희생해가며 이룬 것이 아니었습니다. 사실 평등으로 나아간 것은 현대 사회가 더 높은 번영을 이루는 데 핵심 요소가 되어왔습니다. 어째서일까요? 우리가 역사적으로 지켜본 엄청난 번영에는 더 포괄적이고 더 평등주의적인 사회경제체제의 부상이 절대적으로 중요했기 때문입니다. 특히 교육에 대한 더 포괄적인 접근성 같은 움직임 말입니다.

그런데 여기에는 두 가지 한계가 있습니다. 하나는 기본적 재화에 대한 접근을 이야기할 때 유의해야 할 점인데요, 우리가 100년 전에 기본적이었다고 여긴 것이 오늘날의 기본적인 것과 같지 않다는 겁니다. 오늘날의 큰 쟁점 중 하나는 어떻게 공정한 교육 시스템을 만들 것이냐 하는 문제입니다. 고등 교육을 포함해 당신이 다뤄온 이 문제는 나중에 다시 이야기하기로 하고, 일단 간략하게 말하자면, 우리가 더 높은 수준의 교육을 위한 야심 찬 평등주의적 목표를 어느 정도 포기한 것이 오늘날 여러 가지 문제의 근원이라고 생각합니다. 경제적으로 봐도 그렇고, 민주적 차원에서는 더욱 그렇습니다.

두 번째로 유의해야 할 점은 제가 곧바로 강조하고 싶은 것인데요, 국제적 차원에서 본 남북문제입니다. 역사적으로, 오늘날 유럽과 미국을 포함한 지구촌 북부에서 우리가 누리는 번영의 많은 부분이 교육 확대와 의료·기술에 대한 보다 포괄적인 투자를 통해 이루어져 왔습니다. 어떤 면에서는 매우 긍정적인, 윈-윈win-win이 되는 제도적 변화이지요. 하지만 지금의 번영은 그런 교육과 투자뿐만 아니라 세계적인 노동 분업도 있었기에 가능했습니다. 그건 사실상 착취인데요, 자연자원과 인적자원의 착취는 때로 매우 잔인한 방식으로 이뤄졌습니다. 게다가 오늘날 우리가 점점 더 분명히 볼 수 있는 것처럼, 지구 환경의 지속 가능성을 위협하며 당연히 추가적인 비용을 초래하고 있지요. 제가 보기엔 바로 이 점이 더 평등하고 번영된 사회로 나아가는 지금의 긍정적인 움직임에서 명확히 주된 한계입니다. 그래서 제가 미래의 중요한 도전이라 지적한 것이고요. 하지만 이는 결국 제가 여전히 낙관적으로 생각하고 싶은 이유이기도 합니다. 저는 우리가 과거에 상상했던 것보다 훨씬 적극적으로 평등을 향해 나아가는 것이 새로운 지구적 도전에 대응할 수 있는 유일한 길이라고 생각하기 때문입니다.

2. 돈이 덜 중요한 사회로 가야 할까?

샌   델   좋습니다. 그러니까 우리는 이미 평등의 세 측면을
밝히고 논의하기 시작했네요. 하나는 경제, 두 번째
는 정치에 관한 것이고요. 세 번째는 사회적 관계, 즉
존엄성과 지위, 존중에 관한 것입니다. 저는 바로 이
세 번째 측면을 다시 다루고 싶습니다. 이 세 번째 측
면이 어떤 면에서는 가장 도전적이고, 아마도 가장
흥미로운 주제니까요. 그전에 평등의 이 세 가지 차
원에 대응하기 위한 당신의 제안들을 먼저 논의하려
고 합니다. 당신의 제안들은 보다 강화된 누진 세제
와 더 완전한 복지 국가의 발전, 그리고 모두를 위한
유산을 보장할 수 있는 상속세부터 시작되지요.

저는 그 모든 제안에 공감합니다. 어떤 이는, 이런 것들은 우리가 이미 실행하고 있는 일종의 사회민주주의 프로젝트라고 할지도 모릅니다. 단지 이것들을 더 완전히 실행하기 위해 더 강한 형태를 취한 것일 뿐이라는 말이지요. 하지만 저는 당신의 저서를 읽으면서 이런 익숙한 제안들을 넘어 사회민주주의 프로젝트를 재정의하는 데까지 이를 수 있는 몇 가지 더 급진적인 제안들에 눈길이 갔습니다. 그중 하나는 초국적인 데다 대단히 흥미롭더군요. 단 그 이야기를 하기 전에 당신이 경제와 사회적 삶의 점진적인 탈상품화decommodification에 관해 썼다는 점을 생각해보지요. 저는 탈상품화를 재분배와 관련지어 물어보고 싶습니다. 왜냐면, 일반적인 사회민주주의 프로젝트는 주로 소득과 부의 재분배에 관한 것이고, 따라서 정치적 목소리에 관한 것이니까요.

그런 재분배와 탈상품화에 관해 제가 또 하나의 사고 실험을 제안해도 될까요? 우리는 불평등을 논의하고 있는데요, 이 문제에 대응하는 두 가지 방식을 상상해보겠습니다. 첫 번째 해법은 모두에게 비슷한 구매력을 제공하기 위해 소득과 부의 재분배를 시도하되, 경제는 지금처럼 상품화된 상태로 내버려 두는 겁니다. 두 번째 해법은 소득과 부의 분배는 지금과 같은 상태로 두되, 경제와 사회적 삶을 탈상품화해 돈이 덜 중요해지도록 하는 겁니다. 그래서 이를테면 교육과 의료, 주택에 대한 접근성, 정치적 목소리와 영향력, 정치 참여와 같은 인간의 기본적 재화가 탈상품화될 수 있다고 가정해보는 거지요. 우리가 요트와 캐비어, 미용 성형, 혹은 다른 사치재들을 구매할 수 있다는 것 말고는 실제로 부유해짐으로써 누리는 이점이 없을 정도로 사회적 삶을 탈상품화할 수 있다고 생각해봅시다. 우리가 이 두 가지 프로젝트 중 하나를 선택할 수 있다면, 당신은 어느 쪽을 택하겠습니까? 상품화는 그대로 두면서 급진적인 재분배를 하는 것입니까, 아니면 지금의 분배 구조는 그대로 두되 사회적 삶을 탈상품화하는 것입니까?

피케티   그 질문에 답하기 전에 먼저 사회민주주의는 한때 급진적인 프로젝트였다는 점을 지적하고 싶네요. 스웨덴 사회민주당이 1930년대에 그리고 제2차 세계대전 후에 집권했을 때, 또 1945년 영국 노동당이 집권했을 때, 그들은 장관들을 포함해 열한 살이나 열두 살, 혹은 열세 살에 학교를 떠난 사람들에게 권력을 쥐어주었습니다. 그들은 석탄 노동자들에게 힘을 실어주었지요. 그들은 귀족 전통이 있는 나라에서 권력을 잡았습니다. 영국에서뿐만 아니라 스웨덴에서도 그랬지요. 제1차 세계대전 때까지 스웨덴은 남성 인구 중 상위 20퍼센트만 투표할 수 있었습니다. 그 20퍼센트 중에서도 재산에 따라 1표부터 100표까지 던질 수 있었고요. 자치 도시 선거에는 투표권 상한선이 없어서 한 개인이 전체 표의 50퍼센트 넘게 가져가는 도시도 수십 개였지요. 그 개인은 완전히 독재자였어요. 제1차 세계대전까지 스웨덴에서는 그랬습니다. 우리는 그런 시대를 거쳐왔는데요, 우리가 먼 길을 왔다는 걸 깨달을 필요가 있습니다. 이는 또 얼어붙은 채 변하지 않는 건 아무것도 없고, 사정은 정치적 운동을 통해 바뀔 수 있음을 알려줍니다. 평등이나 불평등의 수준은 문화나 문명의 영구적 속성에 따라 결정되는 것이 아닙니다.

저는 계속해서 스웨덴의 사례를 살펴볼 텐데요, 그래야 탈상품화도 이해할 수 있기 때문입니다. 1930년

대와 1940년대에 스웨덴에서 사회민주당이 노동조합 운동을 통해 집권했을 때, 그들이 실제로 증명할 수 있었던 것은 국가 자체는 불평등 지향적이거나 평등 지향적이지 않다는 점이었습니다. 그것은 누가 국가를 통제하느냐, 그리고 국가를 통해 무엇을 하느냐에 달려 있지요. 사회민주당은 스웨덴의 국가 역량을 완전히 다른 프로젝트에 봉사할 수 있게 했습니다. 사람들의 소득과 부를 기준으로 투표권을 배분하는 대신, 사람들의 소득과 부에 따라 높은 누진세를 내게 한 겁니다. 그리고 나서는 교육을 비롯해 금전과 이윤의 논리를 벗어난 시스템에 재정을 지원했습니다.

탈상품화는 바로 이런 것입니다. 역사적으로 그래 왔지요. 우리는 경제의 모든 분야를 이윤 추구의 영향으로부터 벗어나게 할 수 있습니다. 좋은 소식은, 이런 탈상품화가 교육과 의료 분야에서 효과적일 뿐만 아니라, 이 두 분야가 오늘날의 경제에서 대단히 큰 비중을 차지한다는 것입니다. 교육과 의료를 합치면 전체 경제의 25퍼센트 가까이 차지하는데요, 선진국에서 제조 분야를 모두 합한 것보다도 큰 비중입니다. 이 두 분야는 대체로 이윤 논리와 주주 소유권 모델을 벗어나 작동합니다. 그리고 아주 잘 돌아가지요. 의료 분야가 이윤 논리를 더 충실히 따르도록 하는 미국 같은 나라에서는 의료 분야에 지출하는 비용만 국내총생산GDP의 20퍼센트 가까이 됩니다. 그럼에도 유럽 국가들의 의료 체계와 비교할 때 형편없는 성과를 내지요. 따라서 역사적으로 이러한 탈상품화가 잘 작동했다는 것을 알 수 있습니다. 탈상품화는 재분배와 밀접하게 관련되어 있고, 소득과 임금의 격차를 줄이는 것과도 연관되어 있습니다. 이는 당시 상당히 급진적이었던 사회민주주의 운동과 노동조합 운동을 통해 이루어졌습니다.

'노예의 길road to serfdom'에 관해 쓰고 있던 프리드리히 하이에크Friedrich A. Hayek를 생각해볼까요? 그는 노동당과 사회민주당에 투표하던 영국과 스웨덴의 친구들에게 이렇게 말했습니다. "당신들은 결국 소련과 같이 될 겁니다. 결국은 독재에 이르게 되겠지요." 1970년대 당시 영국 노동당과 스웨덴의 사회민주당을 그토록 두려워하며 아우구스토 피노체트(Augusto Pinochet, 칠레의 제29대 대통령이자 독재자_옮긴이)를 지지했던 누군가의 말이 오늘날에는 우스꽝스럽게 들릴 수도 있겠습니다. 하지만 당시에는 이런 정치적 운동이 마치 야만인들이 국가 권력을 탈취하려는 시도처럼 보였습니다. 결국 그들은 일을 아주 잘 해냈지요.

그런데 문제는 1980년대부터, 특히 소련이 무너지고 나서 1990년대 혹은 2000년 이후에 사회민주주의 자체가 일종의 완성된, 혹은 동결된 제품으로 여겨지기 시작했다는 점입니다. 적어도 사회민주주의 정당의 지도자 일부는 그렇게 생각했지요. 그런데 이건 실수예요. 왜냐면, 제가 상상하기에 21세기에는 지난 100년에 걸쳐 일어난 것과 같은 규모의 변화가 나타날 것 같거든요. 저는 제 책에서 참여사회주의 participatory socialism와 민주사회주의democratic socialism를 이야기했습니다. 오늘날 우리의 경제 체제와는 아주 다른 시스템이지요. 하지만 그 시스템이 지금의 사회민주주의 체제와 다르기는 해도, 그 차이는 오늘날 사회민주주의와 100년 전 자본주의 사회의 차이보다 크지는 않을 겁니다. 변화의 크기는 비슷할 거예요.

그래서 저는 탈상품화 문제에 관한 당신의 질문에 바로 답하려고 합니다. 어느 것이 가장 중요할까요? 경제적 불평등의 축소일까요, 아니면 탈상품화일까요? 만약 탈상품화가 충분히 진전된다면 경제적 불평등은 거의 무의미해질 게 확실합니다. 그러면 경제가 99퍼센트 탈상품화되었다고 가정해봅시다. 이는 교육과 의료 같은 재화와 서비스 99퍼센트에 자유롭게 접근할 수 있다는 뜻이지요. 상품화된 채 남아 있는 것은 1퍼센트뿐이고, 화폐소득은 국민소득의 1퍼센트에 해당합니다. 국민소득에는 공짜로 이용할 수 있는 공공 서비스도 당연히 포함되어야 합니다. 실제로 우리의 회계에서도 어느 정도 포함되니까요. 그래서 만약 소득 가운데 화폐적인 부분이 1퍼센트에 불과하다면, 이 1퍼센트 안에서는 소득 격차가 1 대 5든, 1 대 10이든, 혹은 1 대 20이든 소득은 그리 큰 의미가 없을 겁니다. 이 1퍼센트 내에서 비싼 미용 성형을 소비할 여력은 사실상 없을 거예요. 남아 있는 구매력이 아주 조금밖에 없을 테니까요. 그렇기에 우리는 불평등 축소와 탈상품화 두 가지를 동시에 해야 합니다. 역사적으로 그래왔고, 상품화된 부분은 앞으로도 오랫동안 1퍼센트보다는 훨씬 클 테니까 말입니다.

저는 이 점을 강조하고 싶어요. 역사적으로 사회적 국가social state가 부상한 것을요. 어떤 이들은 '복지 국가'라는 말을 선호하지요. 저는 '사회적 국가'란 개념을 더 좋아하는데요, 이는 엄밀한 의미에서 사회 보장뿐만 아니라 교육과 다른 공공 서비스, 공공 인프라스트럭처를 포함하는 말이기 때문입니다. 역사적으로 사회적 국가가 부상한 것은 노동조합이 커지고, 사회보장기금과 이 기금의 재원 확보를 위한 사회적 기여가 늘어나면서 가능했습니다. 하지만 이는 또한 매우 누진적인 세제가 도입되고, 임금·소득·부의 격차가 크게 줄어들면서 가능했습니다. 우리는 모두 이런 기본적인 역사를 알지만, 사람들은 가끔 얼마나 많은 나라에서 사회적 국가가 부상했는지를 봤으면서도 그걸 잊어버리더군요. 사회적 국가는 스웨덴과 독일, 프랑스, 영국에서뿐만 아니라 20세기 몇십 년 동안 소득세 최고세율이 80퍼센트, 90퍼센트까지 올랐던 미국에서도 보았던 것입니다. 1930년부터 1980년까지 미국의 소득세 최고세율은 평균 82퍼센트였습니다. 분명 그 때문에 미국 자본주의가 파괴되지는 않았습니다. 오히려 이 시기에 노동 시간당 국민소득으로 가늠한 미국 경제의 생산성은 세계 최고 수준이었지요. 다른 나라들과 비교했을 때 격차도 가장 컸고요.

어떻게 그게 가능했을까요? 그때 미국에서는 교육이 다른 나라들보다 더 널리 보급됐기 때문입니다. 이는 20세기에 어느 정도 뚜렷이 보였지요. 20세기 중반, 미국과 다른 나라들 사이의 교육 격차는 매우 컸습니다. 1950년대에 미국은 젊은 세대 중 90퍼센트가 고등학교에 입학했습니다. 당시 독일과 프랑스, 일본의 고등학교 취학률은 20~30퍼센트였고, 고등학교 교육에 대한 지금과 같은 보편적인 접근은 1980년대에 와서야 이뤄질 수 있었습니다. 이것이 바로 번영의 열쇠입니다. 20세기 중반에 미국은 최고 소득과 최고 상속 재산에 80~90퍼센트의 세율을 매겼는데요, 이러한 세율 또한 결국 그 어떤 중요한 일에도 부정적인 영향을 미치지 않았습니다. 소득과 부, 임금의 격차가 줄어든 것은 누진 세제 때문만은 아니었습니다. 최저 임금, 노동 조합의 대표 역할이 확대된 덕분이기도 했는데요, 저는 앞으로 기업 이사회에서 노조 대표의 역할이 훨씬 더 강력해지기를 바랍니다.

이 모든 것이 대단히 중요했습니다. 이것들은 또한 중산층이 사회적 국가에 기여하는 새로운 사회 계약을 맺는 데 도움을 주었지요. 중산층은 그러한 기여로 자신들이 혜택을 받으리란 것뿐만 아니라 최상위 계층이 자신들보다 더 많은 비용을 내리란 것도 알았습니다. 물론 오늘날의 중산층은 최상위 계층이 마땅히 내야 할 몫을 내놓지 않는다고 크게 의심들을 하고 있지요. 어디 의심만 할까요, 이렇게도 말합니다. "좋아, 그럼 나도 나보다 가난한 사람들을 위해 돈을 내지 않겠어." 따라서 20세기에 맺은 사회 계약 전체가 깨지기 시작했습니다.

끝으로 이 누진 세제가 결정적으로 중요했던 것은 경제적 영향력을 규제할 수 있게 해주었기 때문입니다. 이 영향력은 민간 부문에서 가장 많은 보상을 받는 이들과 정부에서 일하는 이들 사이에 임금과 소득 면에서 엄청난 격차가 있을 때 발생합니다. 우리는 앞서 경제적 격차가 인간의 존엄성과 사회적 규제에 미치는 영향에 관해 이야기했습니다. 하지만 그것은 또한 효율성의 문제이기도 합니다. 우리가 공적 규제 기관에 적합한 사람들을 뽑으려고 할 때, 이 사람들의 급여가 구글이나 다른 어떤 기업 사람들이 버는 것에 20분의 1에도 못 미친다면 문제가 됩니다. 그렇다고 20배 더 주는 게 해법은 아니지요. 급여 차이를 대폭 줄여서 소득 격차를 줄이는 것이 확실한 해법입니다. 어쨌든 역사적으로 효과적이었던 건 이 방법이었습니다.

저는 기본적으로 사회와 경제를 다루는 역사가입니다. 저는 사회과학자로서 평등의 역사를 살펴봤는데요, 확실히 우리는 탈상품화와 재분배 중에서 선택할 필요가 없습니다. 역사적으로 이 둘은 함께 작동했고, 그랬을 때 믿을 수 없을 만큼 성공적이었기 때문입니다.

3. 시장의 도덕적 한계

샌 델   좋습니다. 그 문제를 좀 더 짚어볼까요? 탈상품화와
재분배가 어떻게 함께 작동하고 서로를 강화할 수
있는지 알겠습니다만, 제가 보기에 사회적·경제적
삶의 지나친 상품화를 걱정해야 할 두 가지 이유가
있는 것 같습니다. 그중 하나는 당신이 지금까지 설
명해온 것인데요, 지나친 상품화는 돈을 더 중요한
것으로 여기게 하고, 경제적 불평등 속에서 사람들이
교육과 의료, 정치적 발언권과 같은 기본재에 접근할
수 없게 차단한다는 것이지요. 확실히 이 점이 상품
화를 걱정하고 사회적 삶의 탈상품화를 바라는 중요
한 이유 중 하나입니다. 그런데 저는 사회적 삶의 탈

상품화를 추구하는 두 번째 이유에 대해 당신이 어떻게 생각하는지 궁금합니다. 그것은 평등에 관한 것도, 인간에게 필수적인 재화에 대한 접근권에 관한 것도 아니거든요. 이 두 번째 이유는, 모든 것을 판매할 상품으로 여긴다면 그것을 구매할 여력이 없는 이들의 접근권을 저해하는 것을 넘어, 그 재화의 의미를 깎아내리거나 타락시키거나 격하시키는 것은 아닌가 하는 문제와 맞닿아 있습니다.

그러니까, 예를 들자면 고등 교육을 짚어볼 수 있겠네요. 교육이 심하게 상품화된다면 당연히 불평등한 접근권이라는 문제가 생깁니다. 그에 대해 우리는 익히 들었던 반대론을 놓고 토론해왔고요. 그런데 교육의 상품화라는 게 학생들에게 교육의 목적을 좋은 경력을 쌓거나 돈을 더 많이 벌거나 하는 수단적인 의미로 이해하도록 하지는 않을까요? 게다가 학생들의 태도에, 궁극적으로는 대학들의 입장에 영향을 미쳐서 가르침과 배움의 본질적인 미덕과 가치에 관한 관심을 밀어내거나 침식하지 않을까요?

피케티 그렇고말고요. 또한 교사들을 타락시키지요. 교사들에게 학생들이 얻는 성적과 연계해 금전적 인센티브를 주면 어떤 일이 일어나는지 보여주는 실험이 여럿 있습니다. 처음에는 더 높은 성적을 얻을 때가 간혹 있습니다. 하지만 그러고 나서 6개월 뒤 학생들에게 실제로 무엇을 배웠는지 물어보면, 학생들은 아무것도 배우지 못했다는 걸 깨닫게 되지요. 교사들이 6개월 후에도 머릿속에 남아 있을 실질적인 것들을 가르치지 않고, 당장 학생들이 시험에서 좋은 성적을 얻을 만한 요령만 가르쳤기 때문입니다.

따라서 당신 말이 전적으로 옳습니다. 그 점을 분명하게 말하지 않았다면 미안합니다만, 사실상 그것이 20세기에 탈상품화가 작동한 이유, 그것도 핵심적인 이유이지요. 특히 교육과 의료 분야에서 그랬습니다. 우리는 공공 인프라스트럭처에서, 대중교통과 에너지 부문에서, 혹은 문화의 영역에서 다른 사례를 들 수 있습니다. 제가 생각하기에 21세기 우리의 경제 체제에서 60퍼센트나 70퍼센트 혹은 80퍼센트까지는 아니더라도, 아마도 50퍼센트 넘게 차지할 분야에서 다른 많은 사례를 발견할 수 있을 겁니다. 하지만 교육과 의료 분야에서 탈상품화가 그토록 잘 작동했다면, 그것은 바로 사람들이 이 분야에서 일하도록 하는 내적 동기(intrinsic motivation, 보상이나 처벌 같은 외부 요인이 아니라 내면에서 우러나는 동기_옮긴이)가 금전적 동기나 이윤 동기에 의해 파괴되는 경향이 있기 때문입니다.

미국의 의료 체계를 볼까요? 미국인들은 이 분야에 오랫동안 많은 돈을 들였습니다. 우리는 의료 비용이 GDP의 10퍼센트에 이른다, 15퍼센트에 이른다 말하곤 했습니다. 지금은 18퍼센트인데, 곧 20퍼센트에 이를 겁니다. 그래서 기대수명이라는 기본적인 건강 지표 면에서 우리는 무엇을 얻었나요? 아주 몹시 나쁜 결과를 얻었습니다. 유럽의 어떤 공공 시스템은 왜 더 적은 돈을 들이는데도 그토록 더 잘 작동하고 있을까요? 맞습니다. 그곳 사람들은 아마도 덜 후한 급여를 받고 있을 겁니다. 유럽의 의사들은 이미 부유하지만, 미국의 의사들만큼은 아닙니다. 그들은 때로 조금 덜 부유하더라도 확실히 일은 미국의 의사들만큼 잘하고 있지요.

저는 우리가 모든 것을 상품화하고 더 높은 재정적 인센티브와 더 많은 급여를 줌으로써 사람들이 일과 삶에서 실제로 관심을 쏟는 많은 것을 파괴하고 있다고 생각합니다. 이는 그저 몽상이 아니라 일이 어떻게 돌아가는지 조사한 것을 바탕으로 하는 이야기입니다. 어떤 이들은 어디서나 이익을 추구하는 기관을 세우려고 시도했습니다. 영리 목적의 트럼프대학교Trump University를 예로 들 수 있겠네요. 대실패로 돌아갔지요. 하버드를 비롯한 아이비리그 대학들처럼 가장 엘리트적이고 가장 학비가 비싼 학교들도 주주들이 지배하는 회사처럼 운영되지는 않아요. 적어도 그처럼 기계적으로 돌아가서는 안 되지요. 이 대학들은 비영리 기관입니다. 그렇다고 이들의 운영 방식이 공정하다는 의미는 아닙니다. 이들의 입학 허가 정책에, 하버드대학교의 이사를 뽑는 방식에, 그밖의 여러 가지에 많은 문제가 있습니다. 하지만 아무리 그래도 자기 자리나 투표권을 자식들에게 곧바로 물려주지는 않지요. 적어도 그처럼 기계적으로 돌아가서도 안 되고요. 따라서 대학에서는 일반적으로 돈의 힘, 특히 사적 소유자의 힘이 덜 셉니다. 그렇다고 대학들이 주주 회사로서 일을 잘할까요? 저는 그렇게 생각하지 않습니다. 아마도 하버드대에 있는 당신이나 당신의 학생들이 소중히 여기는 것을 파괴했을 수도 있기 때문입니다. 배움과 연구에 헌신하는 기관이라면 소중히 여겨야 할 것들 말이지요.

따라서 맞습니다. 탈상품화는 내적 동기에 관한 것이고, 이것은 문화와 교통을 포함해 다른 부문으로 확산될 수 있습니다. 제가 보기에 앞으로 이 부문들이 점점 더 중요해질 겁니다.

샌　델　애덤 스미스는 옥스퍼드대학교에서 지도 교수들이 강의를 듣는 학생 수에 따라 급여를 받아야 한다고 제안했었는데요.

피케티　지나치게 경제학자처럼 생각한 것이겠지요.

샌　델　임마누엘 칸트는 그의 강의에 들어오는 학생 수에 따라 급여를 받았고요. 아마 그의 첫 일자리에서 그랬을 겁니다.

피케티　네, 과거 교육에서 돈은 대단히 큰 역할을 했습니다. 오늘날 우리가 미국의 특례 입학생 legacy student에 대해 말하고 동문 자녀나 기부자 자녀가 입학 허가증을 살 수 있다는 사실을 이야기할 때, 저는 중국 왕조 시대 말기를 떠올리게 됩니다. 우리는 왕조 시대 중국이 시험을 중시하는 나라였다고 알고 있지요. 분명 그 시대 중국에서는 고위 관리가 되려면 대단히 정교한 선발 시험을 치러야 했습니다. 그렇지만 돈을 낼 수도 있었지요. 그러니까, 만주 전사 계급 자식들이 특별히 접근할 수 있는 복잡한 시스템이 있었습니다. 이 계급은 특별히 교육을 받아서가 아니라 전사라는 지위 덕분에 자식들이 공직의 최상부 자리에 접근할 수 있기를 바랐던 것이지요. 또 돈은 많아도 자식들이 꼭 바라는 만큼의 성적을 내지 못하는 부르주아 계급도 있었는데요, 이들은 어찌어찌해서 그 결점을 돈으로 메울 수 있는 길을 마련했습니다.

그러니까, 이 문제에서 새로운 건 아무것도 없습니다. 확실히 사람들은 애덤 스미스나 칸트처럼 교사들의 동기에 관해 이야기하면서 교육의 상품화를 정당화하지는 않았습니다. 교육 기관에 대한 후원을 끌어들이고자 한다면 그런 방식을 받아들여야 한다고 설명함으로써 그것을 정당화했지요. 오늘날 미국과 똑같은 논리예요. 맞습니다. 역사적으로 그런 논란은 많았습니다. 그런 주장들이 언제나 틀렸다거나 설득력이 아예 없다는 말은 아닙니다. 그중 어떤 것은 우리가 진지하게 생각해봐야죠. 역사를 보면서 이 과정들을 비판적으로 검토해보면, 결론적으로 평등주의적 탈상품화는 대단히 성공적이었다고 할 수 있습니다.

샌 델 제가 사회적 삶의 탈상품화에 대한 두 번째 주장, 즉 평등과 직접 관련된 것이 아니라 재화와 사회적 관행의 의미를 타락시키는 것과 관련이 있다는 주장에 당신이 동의하는지 궁금했던 이유가 바로 여기에 있습니다. 제가 보기에 그 주장은 사회민주주의 주류의 프로젝트보다 더 급진적이거나, 적어도 주류에서 벗어난 것 같습니다. 주류 경제학자들이 경제를 생각하는 방식과 잘 맞지 않는 것으로 보이기도 하고요. 따라서 우리는 재화의 가치를 평가하는 적절한 방식을 숙고하고 토론할 필요가 있습니다. 많은 주류 경제학자가 흔히 쓰는 가치 평가 방식과 소비자들이 경제생활에 적용하는 사실상의 선호 체계를 당연하게 여기고, 일정한 분배 구조 아래서 어떻게 소비자들의 만족을 극대화할지를 묻지요. 타락론(corruption argument, 상품화를 타락으로 보는 관점_옮긴이)을 바탕으로 탈상품화를 주장하려면 의료와 교육, 문화 활동의 가치를 평가하는 적절한 방식을 놓고 토론해야 합니다. 어떤 가치 평가 방식이 다른 가치 평가 방식보다 더 훌륭하고 의미 있는지 정치적 토론에 부쳐야 한다는 뜻입니다. 그에 따라 경제학과 공적 담론에 더 많은 가치 판단이 들어가게 될 겁니다. 사회민주주의자들, 그리고 확실히 자유지상주의자libertarian들이 편안하게 받아들일 만한 것보다 더 많은 판단이 개입되는 것이지요. 당신은 더 많은 가치 판단이 필요한 공론 방식과 그런 경제학 문제에 끌립니까? 아니면 거부감을 느낍니까?

피케티   아, 네. 저는 그런 방식에 끌립니다. 저는 제 자신을 딱히 경제학자라고 여기지는 않아요. 이 점을 분명히 해두고 싶네요. 저는 제 일을 사회와 경제의 역사를 연구하는 것이라고 생각합니다. 사회경제사와 정치경제학이 교차하는 그 어디쯤을 연구하는. 정치경제의 도덕적이고 정치적인 차원을 완전히 인식한다는 전통적인 의미에서 그렇습니다.

　또한 가치 평가는 이미 정치적인 과정이라는 점도 강조하고 싶네요. 따라서 가치의 문제를 시장의 수요와 공급에 맡길 수 있다는 발상은 지적으로 불만족스럽습니다. 가치 평가는 실제로 그런 식으로 이루어지지도 않고요. 오늘날 대단히 불완전한 시스템에서도 이미 많은 정치적 가치 평가가 이뤄지고 있습니다. 국민계정national account과 GDP 통계에 그 모든 한계가 있어도, 우리가 불평등을 충분히 논의하지 않고 국민계정에서 지구의 거주 적합성을 충분히 고려하지 않는다는 점을 인정하더라도 그렇습니다. 무상으로 공급되는 교육과 의료의 가치는 사실상 생산 비용에 따라 결정된다는 의미에서 가치 평가는 이미 이뤄지고 있는 것이지요. 그러니까 기술적으로 말하자면, 우리가 교육과 의료 서비스를 생산하는 데 필요한 것으로 생각하는 임금과 투입물이 국민계정에서 교육과 의료 분야의 가치를 결정한다는 뜻입니다. 이는 시장의 수요와 공급 과정에서 나온 것이 아니에요. 정치적인 숙고의 과정에서 나온 것이지요. 이 과정에서 우리는 의회와 예산 기관을 통해 확실히 완벽하지는 않아도 시장의 영역 밖에 있는 정치적 절차를 거쳐 집단으로 결정합니다. 사실상 이 과정에서 우리가 공공 병원의 의사, 공립 학교의 교사들에게 얼마나 지불할 것인가가 결정됩니다. 그 금액이 국민소득과 GDP에 기록되는 교육과 의료의 가치가 될 테지요.

이처럼 정치적 차원의 가치 평가는 이미 이뤄지고 있습니다. 오늘날 이런 식으로 계산할 때 이들 분야는 국민소득으로 기록된 생산물 가치의 25퍼센트 내지 30퍼센트에 이를 겁니다. 하지만 제가 볼 때 앞으로 이 비중은 50, 60, 70, 80퍼센트가 될 수 있습니다. 그러니 맞습니다. 탈상품화는 당신이 판단이 개입된 평가라고 부르는 정치적인 가치 평가를 내포합니다.

사회민주주의 이야기로 돌아가 볼까요? 그건 동결된 제품일까요? 우리는 단지 이미 해온 것을 조금 더 계속해야 할까요? 아니면 뭔가 더 급진적인 것이 필요할까요? 저는 다시 역사적으로 사회민주주의는 급진적인 프로젝트였다는 점을 강조하고 싶습니다. 1945년 영국에서 노동당이 집권했을 때 그랬고, 미국에서는 정치적 전통이 다르긴 하지만 프랭클린 루스벨트가 집권했을 때 나름의 방식으로 그랬지요. 스웨덴에서 사회민주주의자들이 집권했을 때도 마찬가지였고, 1945년 프랑스에서 사회주의자와 공산주의자들이 집권해 사회 보장 시스템과 공공 서비스를 시행했을 때도 그랬습니다. 그것은 급진적인 프로젝트였고, 그 후 주류가 되었습니다. 성공했기 때문이지요. 우리는 오늘날 똑같은 도전에 맞닥뜨리고 있습니다. 이 문제에 관해서 우리는 20세기 사회민주주의 전통의 서로 다른 주요 결점들을 다룰 필요가 있습니다.

하나는 우리가 교육과 의료를 더 확대하지 않고 멈춰버렸다는 사실입니다. 우리는 이 확대를 계속해야 합니다. 그렇지만 실제로 한 세대 전체가 더 높은 수준의 교육을 받게 하려면, 우리는 교육 시스템에 투입해야 할 자원의 양에 관해 생각해봐야 합니다. 양적인 격차는 어느 시점에 질적인 격차를 부르지요. 그리고 평등한 입학 절차를 만든다는 것이 무슨 의미인지도 생각해봐야 합니다. 우리는 일반적으로 이처럼 대단히 큰 사회 부문을 어떻게 조직할지를 생각해야 합니다. 문제는 우리가 모든 것을 1980년대와 1990년대 수준으로 동결해왔다는 점입니다. 교육에 투입된 공공 자원은 1910년부터 1990년까지 10배로 불어났는데요, 1910년 국민소득의 0.5퍼센트 이하에서 1990년에는 약 5퍼센트 내지 6퍼센트까지 늘어난 것이지요. 그런데 이후로는 미국과 유럽에서 모두 기본적으로 이 수준에서 동결됐습니다. 그러한 상황에서 이번 세대에 와서는 고등 교육 과정에 들어가는 이들의 비율이 엄청나게 높아졌습니다. 1980년대에는 기껏해야 20~30퍼센트가 고등 교육을 받았습니다. 이제 이 비율은 50~60퍼센트에 이릅니다. 한국에서는 심지어 70퍼센트나 되지요(2024년 한국의 대학 취학률은 74.9퍼센트다_옮긴이). 자원이 동결된 가운데 고등 교육을 이만큼 확대했다는 건 무슨 뜻일까요? 많은 자원을 쓸 수 있는 엘리트 학교도 일부 있겠지만, 미국에서처럼 대부분이 공립 대학이나 지역 대학에 입학해 그런 자원을 얻지 못하는 교육 시스템이 형성되리라는 것을 의미합니다.

이것이 바로 지난날 우리가 생각했던 사회민주주의 프로젝트의 첫 번째 중대한 한계입니다. 두 번째 한계는 정치적 숙의와 정치적 삶에서뿐만 아니라 기업의 의사결정에서도 참여가 부족하다는 것입니다. 제가 참여사회주의를 이야기할 때 매우 중요하게 생각하는 요소는 기업의 의결권 중 적어도 50퍼센트는 노동자 대표에게 가도록 하는 것입니다. 설사 그들이 자본에 대해서는 아무런 지분이 없더라도 말이지요. 그에 더해 주주들이 갖는 다른 50퍼센트 의결권은 강력히 규제되어야 합니다. 이를테면 대기업에서 주주 한 사람이 의결권의 10퍼센트를 넘게 가져서는 안 된다는 식으로 말이지요. 이렇게 하면 실제로 기업의 의사결정 과정이 상당히 급진적인 방식으로 민주화될 겁니다.

20세기 사회민주주의의 세 번째 중대한 한계는 국가 간 차원에서 드러났습니다. 이것이야말로 제가 강조하고 싶은 점인데요, 역사적으로 복지 국가는 지구촌 북부의 국민 국가라는 맥락 안에서 세워졌습니다. 북부와 남부 사이의 불평등을, 더 중요하게는 남부가 존재하지 않았다면 북부의 번영은 결코 이뤄질 수 없었다는 사실을 까맣게 잊어버린 채 말이지요. 미국에서 남북전쟁이 발발하기 직전인 1860년, 영국이나 프랑스 제조업에서 사용하던 면화의 3분의 2는 플랜테이션 노예를 부리는 미국 남부로부터 왔습니다. 노예제가 사라진 후 면화는 이집트에서 왔습니다. 그리고 인도에서도 왔지요. 영국이나 프랑스에서는 면화가 나지 않았습니다. 20세기의 석유와 화석 연료도 그랬고, 오늘날의 광물 채굴도 비슷합니다.

그러니까, 북부를 부유하게 해준 것은 글로벌 노동 분업과 전 세계적인 자연자원 착취 과정입니다. 그리고 이것이 바로 20세기 북부에서 발전한 사회민주주의와 복지형 자본주의의 가장 중대한 한계이고, 앞으로 변화해야 할 부분이지요. 변화하지 않으면, 제가 생각하기에 서방의 자본주의 모형들은 체제 경쟁, 특히 중국과의 지정학적 경쟁으로 20세기 소련으로부터 받았던 것보다 훨씬 심각한 위협을 받게 될 겁니다.

4. 세계화와 포퓰리즘

샌 델 저는 1980년대 이후 전개된 세계화 문제를 다루고
싶은데요. 자, 당신과 저는 둘 다 그동안 초세계화
hyper-globalization에 비판적이었습니다. 세계화가 국경
을 넘나드는 자본의 자유로운 흐름, 그리고 신자유주
의적 세계화 프로젝트의 일부인 자유무역협정을 강
요하는 것에 비판적이었지요. 우리와 같은 사람들은
규제의 고삐가 풀린 채 국경을 넘나드는 자본과 상
품의 흐름은 비판하면서도, 국경을 넘는 사람들의 흐
름인 이민에 대해서는 보다 관대한 정책을 지지하는
경향이 있습니다. 우파 사람들은 자본과 상품의 자유
로운 흐름은 승인하고 촉진하면서도 늘어나는 이민

에 대해서는 비판적인 경향이 있고요. 일관성이 없는 건 어느 쪽일까요?

피케티   글쎄요, 사실 당신의 질문을 들으니 1996년에 처음 발간된 당신의 저서 《당신이 모르는 민주주의》의 개정판을 얼마 전에 읽은 생각이 나네요. 그 책에 관해 물어보고 싶군요. 그래서 저는 당신의 질문을 정말 좋아하지만, 반대로 당신에게 묻고자 합니다. 먼저 제가 당신의 책을 읽고 이해한 것을 조금 요약해보겠습니다. 《당신이 모르는 민주주의》의 개정판은 2022년에 출간됐지요. 개정판 서문에서, 그리고 가장 중요하게는 에필로그(한국어판에서는 제7장_옮긴이)에서 당신은 방금 말한 것처럼 세계화가 지나치게 진전되고, 좌파 정부들이 사실상 자유 무역과 세계화·금융화를 지지하고, 능력주의 이데올로기meritocratic ideology 가 부상한 사실을 들며 이런 요인들이 어떻게 민주주의를 약화했는지 아주 명백하게 밝혔습니다. 능력주의는 제가 질문하고 싶은 또 다른 주제이지요. 당신은 이런 요인들 때문에 공화당이, 그중에서도 특히 도널드 트럼프가 점차 민주당을 시장의 승자에 우호적인 정당으로 묘사할 수 있게 되었다는 사실도 밝혔습니다.

역사적으로 미국의 민주당은 유럽의 사회민주당이나 노동당처럼 노동 계급과 중하위 계층을 옹호하는 정당이었고, 소득과 부의 분포상 최상위에 자리한 계층으로부터는 거의 지지를 받지 못했습니다. 이제 이런 구도는 뒤집혔는데요, 저는 민주당이 트럼프와 공화당을 비난하는 대신, 자신들의 결점을 들여다보는 것이 분별 있는 행동이라고 생각합니다. 미국의 민주당과 같은 유럽의 정당들도 마찬가지로 그래야 하고요. 물론 상대를 비난하는 것이 늘 쉽기는 하지요.《당신이 모르는 민주주의》개정판에서 제가 정말 흥미롭게 읽은 대목은, 두 차례에 걸쳐 각각 8년이라는 아주 긴 집권 기간에 민주당 대통령이 이끈 행정부가 1980년대 로널드 레이건의 신자유주의적 전환을 정당화한 것을 보여주는 부분이었습니다. 1992~2000년의 빌 클린턴 행정부와 2008~2016년의 버락 오바마 행정부가 그랬지요. 여기서 정당화했다는 것은, 민주당 행정부가 1980년대에 레이건 대통령이 시작했던 누진 세제 해체를 계속했다는 뜻입니다. 이

점은 제가 당신보다 더 강조하는 것 같은데요, 클린턴 대통령과 오바마 대통령은 실제로 그 해체를 되돌리려 하지 않았습니다. 더 중요한 것은, 두 행정부 모두 세계화와 자유 무역의 길로 아주 멀리 나아갔다는 점입니다. 당시 북미자유무역협정NAFTA이 발효되고, 세계무역기구WTO가 창설되었지요. 클린턴 대통령 임기가 끝난 직후에 중국이 WTO에 가입했고요. 태평양무역협정(환태평양경제동반자협정Trans-Pacific Partnership, TPP_옮긴이)은 오바마 대통령 임기 말인 2016년에 버니 샌더스와 트럼프가 다 반대했고, 실제로 미국에서 시행된 적은 없습니다.

자, 당신은 우리가 무역과 자본, 노동에 대해 더 많은 통제권을 행사해야 하느냐고 물었습니다. 저는 어떤 것은 통제해야 한다고 생각합니다. 자유 무역과 자본의 흐름을 통제하지 않으면, 정말로 트럼프나 영국의 브렉시트(Brexit, 영국의 유럽연합 탈퇴_옮긴이) 지지자들이 부추기는 이민 배척주의나 국가주의 대안을 만나게 될 것입니다. 그들은 말합니다. "좋아, 그럼 노동의 흐름을 통제하자"라고요. 제 대답은 결국 우리가 자본과 무역의 흐름을 훨씬 더 많이 통제해야 한다는 것입니다. 노동의 흐름에 대해서는 당연히 이민 온 사람들의 교육과 주거 비용을 어떻게 댈 것인지, 그에 관한 규칙을 마련해야 합니다. 이 모든 것을 매우 주의 깊게 들여다볼 필요가 있습니다. 사람들이 가족과 함께 옮겨올 때, 우리는 그저 상품을 수송하는 것이 아닙니다. 통합을 위한 사회적 조건을 살펴보고, 모든 적합한 조건들이 확실히 충족되도록 해야 합니다. 이는 결국 우리가 자본과 무역의 흐름을 통제하면 다룰 수 있는 문제입니다.

바로 이런 이유로 지나친 세계화에 대응하는 서로 다른 방식을 매우 신중하게 구분해야 한다고 생각합니다. 먼저 자국민 보호와 이민 반대를 주장하는, 일종의 국가주의적 대응이 있는데요, 이런 대응 방식은 트럼프에게서 볼 수 있고, 우리나라에서는 마린 르펜에게서 볼 수 있지요. 그러나 미국에서는 샌더스와 같은 대응 방식도 볼 수 있는데, 저는 그것을 사회민주적 대응이라 부르고 싶습니다.

제가 당신 책을 읽고 나서 한 가지 묻고 싶었던 것은, 아마도 우리의 의견이 서로 다를 수 있는 지점일 텐데요, 어떻게 지나친 세계화에 대응하는 두 가지 다른 방식을 묘사하면서 다 같이 '포퓰리스트populist' 란 표현을 쓸까 하는 점이었습니다. 물론 당신은 같은 종류의 포퓰리즘populism이 아니라는 점을 분명히 했습니다만, 그래도 여전히 포퓰리스트라는 말을 사용하지요. 저라면 그러지 않을 겁니다. 왜냐면, 그렇게 하는 데는 뭐랄까, 위험이 있으니까요. 그 용어는 제가 보기에 중도에 있다고 주장하는 사람들이 많이 쓰는 수사 중 하나일 수 있거든요. 그들은 대개 시장 논리의 승자인 경우가 많고, "나를 반대하는 자는 모두 좌파든 우파든 다 포퓰리스트다"라며 모든 반대자의 정당성을 부정하고 싶어 하지요. 그래서 다 같은 용어를 쓰는 것은 제가 보기에 조금 위험합니다. 다만 이는 프랑스나 유럽 사람의 관점이고, 미국인은 다를 수도 있겠지요.

샌 델 그러면 당신은 그 말을 우파 포퓰리스트들에게만 쓰겠습니까?

피케티 저라면 그 용어를 아예 쓰지 않겠습니다. '국가주의 이데올로기', '사회주의 이데올로기', '자유주의 이데올로기'란 말을 쓰겠습니다. 저는 국가주의, 사회주의, 자유주의를 정당한 이데올로기로 봅니다. 이 이데올로기들은 모두 민주적인 공론장으로 끌고 올 만한 논점을 가지고 있지요. 그런 주장을 하는 사람들을 포퓰리스트라고 칭하는 것은, 대개 그 집단 중 일부의 정당성을 부정하려는 전략으로 보입니다. 적어도 그 말은 그런 식으로 쓰일 수 있습니다. 당신이 그런 식으로 쓰고 싶어 하지 않는다는 것을 압니다만, 너무나 많은 이들이 그렇게 쓰고 있지요. 그리고 당신이 언급했듯이 노동의 흐름을 제한하는 것은 자본의 흐름을 제한하는 것과는 아주 다릅니다. 따라서 자유시장주의 세계화free-market globalization에 반대하는 모두를 포퓰리스트라 부른다면, 우리는 아주 다른 것들을 뒤섞고 있는 거지요.

샌 델 좋습니다. 그럼 그 문제를 이야기해 볼까요? 먼저 '포퓰리즘'이라는 말을 사용하는 데 있어 유럽과 미국의 용법 차이가 있거나 뉘앙스가 다를 겁니다. 제가 이 말을 한편으로는 트럼프와 르펜을, 다른 한편으로는 샌더스와 같은 인물을 묘사하는 데 쓰는 데는 이런 이유가 있습니다. 적어도 미국 정치의 전통에서 '포퓰리스트'라는 말은 본래 19세기에 산업 노동자와 농민이 경제적 엘리트로부터 권력을 쟁취하려고 뭉친 데서 시작되었습니다. 그들은 철도산업, 그리고 나중에는 석유회사를 장악한 전형적인 북동부의 경제적 엘리트였지요. 그리고 그것은 진보적 운동이었습니다. 비록 당시에도 이민 배척주의와 반유대주의, 인종주의 요소를 포함하고 있었지만요. 그래서 처음부터 이 두 줄기가 있었습니다. 힘 있는 자들에게 저항하는 사람들과 이민 배척주의자들이요. 하지만 요즘 권위주의적 이민 배척주의를 내세우는 우파 포퓰리즘의 성공은 진보 정치 혹은 사회민주주의 정치의 실패에 따른 하나의 증상으로 보입니다.

피케티   그 점엔 동의합니다.

샌 델   우리는 그걸 2008년 금융위기 때 보았지요. 조지 W. 부시에서 오바마로 권력이 넘어갈 때 먼저 공화당 행정부가, 그다음으로 민주당 행정부가 월가를 구제했습니다. 그 위기의 순간에 오바마는 금융과 경제의 관계를 개조할지 복원할지 선택해야 했는데, 그는 후자를 택했습니다. 저는 그때가 오바마 대통령 임기에서 결정적 순간이었다고 생각합니다. 왜냐면, 그 선택이 2008년 대통령 후보로서 그가 고취했던 시민적 이상주의에서 이탈했음을 보여주었기 때문입니다. 미국에서뿐만 아니라 전 세계에서 그것이 새로운 정치의 시작이 되리란 희망과 기대가 있었는데 말입니다. 그리고 금융위기 직후에 취임했을 때 그는 클린턴 행정부에서 일했던 경제학자들을 영입했습니다. 금융산업 규제를 풀었던 바로 그 경제학자들이었지요. 오바마는 탈이 난 것들을 고쳐보라고 그들을 불러왔는데, 그들이 한 일은 은행들을 구제하고 평범한 주택 소유자들은 알아서 하라고 내버려두는 것이었습니다. 이는 정치적 스펙트럼 전체에 광범위한 분노를 불러일으켰지요.

이제 오바마도 그 구제가 불공정했음을 인정했습니다. 그는 정의의 이름으로 그것을 옹호하지 않았습니다. 오바마는 월가를 구제한 것이 고통스러웠지만, 경제에 대한 월가와 거대 금융기업의 지배력을 고려할 때 그럴 수밖에 없다는 것을 느꼈다고 밝혔습니다. 오바마는 경제를 구하고 싶었습니다. 그것이 그의 논리였지요. 하지만 그는 심히 유감스러워하며 그렇게 했다고 말했습니다.

납세자들이 월가를 구제하도록 한 것은, 오바마의 대통령 임기에 그림자를 드리웠습니다. 대통령 후보 시절에 그가 고취했던 진보 정치 혹은 사회민주주의 정치 재생에 대한 고조된 희망을 내던져버렸지요. 이는 두 가지 저항 기류를 불러일으켰습니다. 좌파 진영에서는 월가 점령 운동이 일어났고, 이어 2016년 대통령 후보 경선에서는 힐러리 클린턴과 맞선 샌더스가 놀라운 선전을 했지요. 우파 진영에서는 티파티 Tea Party 운동이 일어났고, 급기야는 도널드 트럼프가 대통령에 당선되었습니다.

두 기류 모두 아무에게도 책임을 묻지 않은 채 월가를 구제하고 복원한 것에 분노하고 불의를 인식했기에 확산되었습니다. 그러니까 어떤 면에서는 레이건과 마거릿 대처가 남긴 여파 속에서 통치한 진보적 주류와 중도좌파 정치인들이 그 뒤에 온 우파 포퓰리즘의 토대를 마련한 것입니다. 미국에서는 트럼프의 포퓰리즘이 따라왔지요. 그들에게는 우파 포퓰리즘으로 가는 길을 낸 책임이 있습니다.

이 이야기를 하다 보니 우리가 시장과 신자유주의 신념의 매력에 관해 앞서 논의했던 주제로 되돌아가게 되는군요. 레이건과 대처가 통치할 때 신자유주의자들은 정부가 문제고 자유시장이 해법이라고 대놓고 주장했습니다. 이들의 뒤를 이은 건 중도좌파 정치인과 정당들이었습니다. 레이건과 대처 시대의 자유방임 자본주의laissez-faire capitalism의 모진 날을 누그러뜨린 미국의 빌 클린턴, 영국의 토니 블레어, 독일의 게르하르트 슈뢰더Gerhard Schröder 같은 이들 말이죠.

하지만 중도좌파 정치인들은 시장이 승리한다는 전제, 다시 말해 시장 메커니즘이 공공선을 규정하고 성취하기 위한 주된 도구라는 기본적인 전제에 도전하지 않았습니다. 그들은 이 전제에 이의를 제기한 적이 없습니다. 그리고 1990년대와 2000년대 초에 신자유주의 무역 정책을 채택하고 금융 규제를 완화했을 때, 그들은 그 프로젝트를 실행하고 시장에 대한 신념을 무비판적으로 끌어안았습니다. 따라서 우리는 지금껏 시장이 어느 영역에서 공공선에 봉사하고, 어느 영역에서 그러지 않는지 공론장에서 제대로 토론한 적이 없습니다.

그런데 여기서 제가 느끼는 직감이 있어요. 다시 가치 판단이 개입된 공적 담론의 문제로 돌아가 이야기해 보겠습니다. 어떤 측면에서 보면, 중도좌파와 중도우파의 정치인들은 시장이 더 높은 수준의 번영을 가져다주는 동시에 월가의 선거자금을 낮아준다는 믿음 때문에 시장에 대한 신념에 끌렸습니다. 하지만 저는 시장과 시장 메커니즘에 매력을 느끼는 것에는 더 심층적인 이유도 있다고 생각합니다. 지금도 그렇고 더 길게 봐도 그럴 텐데요, 시장에 관한 신념이 지닌 심층적인 매력은, 시장이 성가시고 논쟁적인 토론을 피할 수 있게 하나의 방도를 제공해주는 것처럼 보인다는 점입니다. 우리가 민주 시민으로서 재화의 가치, 사람들이 경제와 공동선을 위해서 한 다양한 공헌의 가치를 어떻게 평가할지에 관한 토론 말입니다. 따라서 시장에 관한 신념은, 가치나 훌륭한 삶이라는 실체적 개념들에 대해 중립성을 확보하려는 어떤 자유주의적 열망에서 비롯된 것입니다. 이것이 제 직감인데요, 동의하나요? 제 생각은 이렇습니다. 우리는 다원적인 사회에서 살아요. 재화의 가치를 어떻게 평가할 것인지에 대한 견해는 다 다릅니다. 좋은 삶의 본질에 관한 생각도 일치하지 않지요. 그래서 가능하다면 우리는 그런 결정을 명시적으로 하지 않아도 되게끔 중립적인 수단에 의존하고 싶어 합니다. 왜냐면 우리는 그런 결정에 동의하지 않을 테니까요. 물론 시장은 진정으로 가치 중립적인 수단이 아닙니다. 우린 그걸 알고 있고요. 시장이 공동선에 관한 논쟁적인 문제들을 토론하고 결정하지 않아도 되게끔 해줄 수 있다는 건 잘못된 희망입니다. 그렇지만 그 희망이 시장의 매력을 자아내는 깊은 원천이지요.

피케티 그 점에 동의합니다. 그건 결국 민주주의를 두려워하는 거지요. 민주적인 숙의를 겁내는 겁니다.

샌 델 맞습니다.

피케티 그건 또한 제 책《자본과 이데올로기》에서 언급한 것처럼, 재분배라는 판도라의 상자를 여는 것을 두려워하는 것일 뿐만 아니라 우리가 하는 일의 재평가를 겁내는 것이기도 하지요. 우리가 어디에서 멈춰야 할지 모르기 때문에 두렵다, 이건데요. 맞아요, 우리는 어쩌면 우리가 어디서 멈춰야 할지 '모를 수도' 있습니다. 하지만 결국 우리가 어딘가에 이르려면 자치에 대한 열망을 받아들이는 것이 최선의 기회가 될 겁니다. 당신이 저서에서 상기시켰듯이, 스스로 통치한다는 것은 19세기 미국의 가장 심층적인 열망일 뿐만 아니라 일반적으로 현대성의 기원이기도 합니다.

'포퓰리스트'란 용어에 대해 조금 더 이야기해 볼까요? 제가 그 주제로 돌아가고 싶어 하는 건, 당신이 클린턴과 오바마, 블레어, 슈뢰더가 세계화와 금융화, 능력주의meritocracy와 관련해 월가식의 새로운 신자유주의적 이데올로기에 의문을 제기하지 못했다고 매우 적절하게 지적했기 때문입니다. 저는 이에 전적으로 동의합니다. 그들은 이 일련의 신념에 도전하지 못했지만, 샌더스는 할 수 있었습니다. 엘리자베스 워런Elizabeth Warren도 어느 정도는 그럴 수 있었고요. 샌더스는 2020년에도 제가 민주사회주의라고 부르는 정강政綱을 내세움으로써 그 신념에 도전했습니다. 누진 세제 면에서는 심지어 루스벨트보다도 더 나아간 정강이었지요. 이 정강은 또한 기업 의사결정에 참여하는 노동자들의 권한에 관한 매우 실질적인 요소를 포함하고, 이사회에서 노동자들이 강력한 대표성을 갖도록 했습니다. 공립 대학과 공공 의료 체계를 통한 대단히 현실적인 탈상품화 전략도 포함했고요. 이런 것은 제가 볼 때 일종의 포퓰리스트식 분노를 나타낸 것이 아닙니다.

그래서 저는 여전히 당신이 왜 이런 것에 '포퓰리스트'라는 딱지를 붙였는지 조금 헷갈립니다. 미국에서 쓰는 이 용어의 역사는 이해합니다. 당신이 말했듯이 일찍이 19세기 말과 20세기 초에 나온 포퓰리스트들의 주장에는 진보적 논지와 이민 배척주의 논지가 거북하게 섞여 있었지요. 샌더스와 워런에게서는 전혀 볼 수 없는 것들입니다. 제가 혼란스러운 것은 그 때문입니다. 그들을 '포퓰리스트'라고 칭하는 건, 제가 생각하기에 더 좌파적인 이들로부터 스스로 거리를 두고 싶어 하는 클린턴과 블레어 진영 사람들의 방식에 너무 많은 무게를 실어주는 것입니다.

샌 델   알겠습니다. 당신은 주류 정치인들이 누군가를 매도
하려고 이 말을 쓰는 것을 걱정하는 거군요.

피케티   맞습니다. 그리고 결국 제가 보기에 샌더스와 워런의
입장은 민주사회주의, 혹은 달리 부르고 싶다면 21세
기형 사회민주주의에 훨씬 더 가깝습니다. 제 생각에
는 그것이 '좌파 포퓰리스트'라는 말보다 그들이 지
향하는 바를 더 정확히 묘사하는 표현입니다.

샌 델   아마도 의미상 미묘한 차이는 이런 것 같습니다. 포
퓰리즘은 주로 재분배에 관한 것이 아닙니다. 샌더스
와 워런에게는 그것이 평등주의적인 의미를 지니지
만 말입니다. 포퓰리즘은 대중들을 위해 엘리트로부
터 권력을 되찾는 일에 관한 것입니다. 그리고 이는
경제적 불평등과 관련된 일이지요. 하지만 포퓰리즘
이라는 줄기를 사회민주주의나 민주사회주의의 줄
기와 구분할 수 있다면, 포퓰리즘은 재분배에 관한
것이라기보다는 권력을 되찾고, 사람들에게 정치적
목소리를 찾아주고, 힘 있는 자들에게 맞선 사람들을
대변하며, 경제에서 대기업들의 힘을 억제하는 일에

관한 것입니다.

피케티 그렇지만 기업 이사회에서 노동자 대표에게 더 많은 힘을 실어주는 것이야말로 권력을 되찾는 일이지요. 샌더스와 워런은 둘 다 미국 의회에서 노동자 대표의 의결권을 확대하기 위해 사회민주주의 전통에 꼭 맞는 매우 흥미로운 제안을 내놓았습니다.

샌 델 토마, 우리는 이 문제에 관해 너무 걱정할 필요가 없습니다. 여기에는 겹치는 부분이 있거든요. 분명히 그런 부분이 있어요.

피케티 하지만 그것은 트럼프에게도 사용되는 용어이지요.

샌 델 알겠습니다. 당신이 그 말을 쓰고 싶지 않다는 것을.

5. 능력주의는 왜 위험한가?

피케티 저는 여전히 당신의 용어 선택이 조금 걱정됩니다. 하지만 이제 그만 능력주의 문제로 넘어가도록 할까요? 저는 당신의 책《공정하다는 착각》의 애독자니까요. 이 책은 최근 몇십 년간 발전한 능력주의라는 일종의 종교 혹은 이데올로기에 대해 다루고 있지요. 당신의 분석에 따르면, 능력주의는 신자유주의 시대의 세 번째 기둥입니다. 세계화와 금융화, 능력주의가 바로 그 세 기둥이지요. 저는 당신이 능력주의에 합당한 중요성을 부여하고 있다고 봅니다. 그래서 저는 이 문제에 관해 질문하고 싶었습니다. 그리고 아마도 이것이 가장 중요한 질문일 텐데요, 그 이데올로기에서 벗어날 방도는 무엇일까요? 이 책에서 당신은 아이비리그의 추첨제를 옹호했는데요, 그 방식은 이렇게 작동하겠지요. 아이비리그 대학들에 100개의 자리가 마련되어 있다고 합시다. 먼저 입학 자격을 인정하기 위한 문턱 값을 정하고, 그 이상의 점수나 등급을 받은 응시자 1000명을 선별하겠지요. 그런 다음 추첨으로 입학 허가를 받을 10퍼센트를 뽑는 겁니다.

이 방식에서 제가 좋아하는 점은, 대학들이 원하는 대로 하도록 내버려두지 않으려 한다는 것입니다. 제가 제대로 이해했다면, 이것은 통제권을 되찾는 운동의 일환이고, 고등 교육과 의료 접근권에 관한 규칙을 정하는 민주적 숙의의 한 사례입니다. 교육이나 의료는 기본재고, 우리는 그저 하버드 이사회 구성원들이 하고 싶은 대로 결정하도록 내버려둘 수는 없습니다. 물론 이렇게 말하는 사람들도 있을 겁니다. "글쎄, 어쨌든 대학은 그들 것이잖아. 자기들이 원하는 대로 할 수 있지. 하고 싶은 대로 하는 게 당연한 거야." 제가 보기에 이건 이런 말과도 같아요. "좋아, 이건 당신 돈이지. 이걸 조세 회피처로 보내서 세금을 한 푼도 안 내도 돼. 어쨌든 이건 당신 돈이니까."
글쎄요, 미안하지만 그건 아니죠. 그건 당신들 돈이
아닙니다. 수백만 명의 집단적 노동에서 나온 것이지
요. 그 돈은 공공 인프라스트럭처나 우리의 법체계
없이 절대 나올 수 없었을 겁니다. 당신들은 이 세상
에서 혼자 살 수 없어요. 그리고 그냥 "이건 내 돈이
야"라고 말할 수도 없습니다.

　추첨제에 관한 당신의 구체적인 제안을 제가 제대
로 이해했나요? 물론 이런 식의 다른 제안들도 있을
수 있겠지요. 이건 통제권을 되찾아오는 하나의 사례
일 뿐입니다. 하버드대학교와 미국의 다른 최고 대학
들의 입학에 이런 식의 규칙들을 민주적 숙의를 통
해 정해야 한다는 의미에서 말이지요.

샌　델　네, 이 사안은 부분적으로 그런 것이고, 도덕적 판단
과 태도, 인정의 문제로 돌아가서 봐야 할 다른 어떤
것이기도 합니다. 능력주의에는 두 가지 문제가 있는
데요, 그 문제를 밝히기 전에 저는 무엇보다 먼저 일
반적으로 능력은 좋은 것이라 말하고 싶네요. 제가
수술을 받아야 한다면 저는 자격이 충분한 의사가 해

주길 바라거든요. 그것이 능력입니다. 그렇다면 능력이 어떻게 일종의 포악暴惡이 될 수 있을까요? 자, 우리가 논의해온 1980년대부터 현재까지를 다시 살펴볼까요? 이 시기에 승자와 패자의 괴리는 계속 깊어져서 정치에 독이 됐고, 우리를 갈라놓았지요. 이 괴리는 우리가 논의해온 소득과 부의 불평등이 커지는 것과 어느 정도 관련이 있습니다. 어디 그뿐일까요? 이 괴리는 또한 불평등이 커지면서 그에 따라 성공에 대한 태도가 변하는 것과도 관련 있습니다. 정상에 오른 사람들은 그들의 성공이 그들 자신이 이룬 것이고, 그들의 능력을 가늠해주는 척도며, 따라서 자신들은 시장이 주는 상금을 받을 자격이 있다고 믿게 되었습니다. 그리고 은연중에 뒤에 처진 이들과 힘겹게 애쓰는 이들은 그런 운명에 처할 만해서 그런 것이라고 믿게 됐고요. 성공에 대한 이런 식의 사고방식은 겉보기에는 매력적인 어떤 이상에서 비롯됩니다. 평등한 기회가 주어지는 한 승자는 상금을 받을 자격이 있다는 능력주의 원칙이 바로 그것이지요.

이제 능력주의의 두 가지 문제를 살펴볼까요? 한 가지 명백한 문제는, 우리가 자신이 공언한 능력주의

원칙에 맞게 살지 않는다는 점입니다. 기회는 진정으로 평등하지 않습니다. 가난한 부모 밑에서 태어난 자녀는 어른이 되어도 가난에서 벗어나지 못하는 경향을 보입니다. 계층의 상향 이동은 제한적입니다. 당신이 물어본 아이비리그 대학들의 사례를 보면 알 수 있지요. 네, 이들 대학이 후한 재정 지원을 해주는 것은 사실입니다. 한 해 소득이 8만 5000달러에 못 미치는 가정의 학생들은 수업료나 기숙사비, 식비, 책값을 전혀 내지 않아요. 제가 알기로 스탠퍼드대학교의 경우는 연 소득 10만 달러 미만일 때 그렇고요. 그런데도 이들 대학에는 소득 하위 50퍼센트 가정 출신의 학생들을 다 합한 것보다 상위 1퍼센트 가정 출신의 학생이 더 많습니다.

따라서 분명 우리는 완벽한 능력주의를 실현하지 못했습니다. 하지만 실현했다고 가정해보지요. 우리가 어떻게든 이 교육 체계에서 대학 입학과 관련해 참으로 공정한 기회의 평등을 실현할 수 있다고 해보자고요. 경제 체제에 관해서도 같은 가정을 해볼 수 있을 겁니다. 우리가 그렇게 할 수 있다고 해보지요. 그러면 완벽한 능력주의를 실현했으니, 우리는 정의로운 사회에 살게 될까요? 전 그렇게 생각하지 않습니다. 설사 완벽하게 실현되었을지라도 능력주의에는 어두운 면이 있기 때문입니다. 능력주의는 공동선을 부식시키지요. 왜 그런가 하면, 능력주의는 성공한 사람들이 그들의 성공을 그들 자신이 이룬 것으로 보고, 자신의 성공을 너무 깊이 받아들이며, 성공에 이르는 길에서 그들에게 도움을 준 행운과 요행을 잊어버리고, 당신이 묘사한 것처럼 그들이 성공할 수 있게 해준 사람들에게 빚을 지고 있다는 사실을 잊도록 부추기기 때문입니다.

'능력주의'라는 말을 만들어낸 마이클 영 Michael Young 은 이를 잘 알고 있었습니다. 그는 능력주의를 이상적인 것이 아니라 위험한 것으로 보았지요. 그 위험은 정확히 이런 겁니다. 능력주의는 승자들뿐만 아니라 패자들 사이에서도 성공에 대한 일정한 태도를 키워 우리를 분열시킵니다. 능력주의는 승자들에게는 오만을, 뒤처진 이들에게는 수치심을 키워주지요. 뒤에 남겨진 사람들은 그들의 실패와 고투가 그들 자신의 잘못 때문이라는 말을 듣고, 아마도 그렇게 설득될 겁니다. 이는 우리 사회가 최근 몇십 년 동안 어떻게 해서 이토록 양극화되었는지 밝혀줍니다. 불평등은 깊어지고 노동자들은 임금 정체와 실직에 맞닥뜨렸을 때, 중도좌파와 중도우파의 주류 정치인들은 노동자들에게 기운을 돋우는 조언을 했습니다. "글로벌 경제에서 경쟁하면서 이기고 싶으면 대학에 가라. 당신이 얼마나 버느냐는 당신이 무엇을 배우느냐에 달려 있다. 노력하면 성공할 수 있다."

　이러한 엘리트들이 놓친 것은 그들 조언에 함축된 모욕입니다. 그 모욕은 이런 거지요. "여러분이 학위를 따지 않으면, 대학 졸업장이 없으면, 그리고 새로운 경제에서 허우적거리고 있으면, 여러분의 실패는 명백하게 여러분 잘못입니다. 여러분은 우리가 하라고 한 것을 하지 않았으니까요. 문제는 우리가 도입한 경제 정책에 있는 것이 아닙니다. 문제는 여러분이 우리가 권해준 방식으로 스스로를 향상하지 않았다는 겁니다." 그들은 사실상 이렇게 말한 거지요. 그러니 대학 학위 없이 일하는 많은 사람이 화를 내는 것도 당연합니다. 이들의 분노는 특히 중도좌파 주류 정당들로 향했는데요, 이 정당들은 뒤처진 사람들에게 학위를 따서 스스로 처지를 개선하라고 훈계하며 제가 '향상의 수사'로 일컫는 것으로 불평등에 대응합니다. 미국 민주당이나 영국 노동당, 프랑스 사회당이 그렇습니다. 이 정당들은 이제, 한때 자신들의 가장 중요한 기반이 됐던 노동 계급 유권자보다는 교육을 잘 받고 지위가 있는 전문직 계층의 가치와 이해관계, 세계관을 더 동일시하지요. 지금과 같은 반발, 분노에 찬 반발이 나오는 것도 당연합니다. 제가 보기에 이는 성공에 대한 능력주의적 이념이 신자유주의적 세계화의 도덕적 동반자가 되었다는 것을 반영합니다.

피케티   네, 전적으로 옳은 말씀입니다. 적어도 저는 지금의 불평등 이데올로기가 이토록 독특하고 잔인한 것은, 승자들을 찬양하고 패자들을 비난하는 이런 사고방식 때문이라는 진단에 완전히 동의합니다. 지난날의 불평등 체제에서는 찾아볼 수 없는 방식이지요. 지난 체제에서도 불평등은 매우 잔인했겠지만, 그때는 서로 다른 사회 집단 사이에 일종의 상보성相補性이 있다는 걸 느낄 수 있었습니다. 어떤 이들은 귀족이고 전사입니다. 어떤 사람들은 노동자이고 농민인데, 이들이 꼭 어리석지만은 않지요. 이 서로 다른 집단들은 단지 서로에게 필요할 뿐입니다. 제 말은, 그런 불평등 체제를 미화하려는 것이 아닙니다. 그때는 사람들이 적어도 빈자들은 가난할 만해서 그런 것이고, 부자들은 부유할 자격이 있어서 그런 것처럼 가장하려 하지 않았습니다. 제가 보기에 그런 생각은 오늘날 불평등 체제에서 아주 독특한 것입니다. 그런 생각은 사람들에게 많은 압박감을 주고, 정신건강과 여러 병리 현상에 실제로 영향을 미칩니다. 우리는 그런 사고방식이 사회의 모든 부문을 짓누르는 것을 볼 수 있는데요, 특히 빈곤 계층에 압박이 심하고, 상위 계층 자녀들도 성공해야 한다는 강박감을 느끼지요. 그래서 저는 당신이 이 문제를 겨냥한 것이 옳다고 여깁니다. 하지만 저는 늘 해법을 찾고자 하기에 다시 제 질문으로 돌아가 보겠습니다. 저는 궁금합니다. 당신은 연방법이나 매사추세츠주 법으로, 이를테면 동문 자녀와 기부자 자녀 특례 입학을 금지하고, 하버드대와 다른 아이비리그 대학들의 입학 제도에 대한 어떤 지침을 마련하는 것에 찬성합니까?

샌 델   좋습니다. 그 질문에 바로 답하지요. 저는 하버드대
        와 다른 엘리트 사립 대학들이 특례 입학 제도를 없
        애야 한다고 생각합니다.

피케티   하지만 우리는 그것을 강제해야 할까요, 아니면 그냥
        그들이 그렇게 하도록 기다려야 할까요?

샌 델   그렇게 하도록 공개적 압력과 도덕적 압력을 행사하
        는 것으로 시작해야 한다고 봅니다. 그리고 이 방식
        이 성공할 가능성이 크다고 생각하는데요, 여기에는
        연방 대법원이 소수 인종을 위한 적극적 우대 정책
        affirmative action을 폐지한 탓도 있습니다. 이 정책은 늘
        암묵적 타협으로 작용했지요. 하지만 이제 인종이나
        민족을 고려하는 것이 불가능해졌으니, 대학들이
        "우리는 당신 부모가 이 대학에 다녔는지를 고려할
        수 있다"라고 말하는 건 매우 어려워질 겁니다.

피케티   하지만 그들은 그렇게 하고 있죠.

샌 델   뭐, 그렇긴 하지요. 하지만 어떤 대학은 이미 바뀌기

시작했습니다. 존스홉킨스대학교가 그렇습니다.

피케티 그들이 부유한 기부자들의 자녀를 받아들이는 걸 포기할 준비가 되어 있을까요?

샌 델 글쎄요, 지켜봐야겠지요. 그렇게 되도록 우리가 노력해야 한다고 생각합니다. 정부의 조치를 통해 변화를 촉진하는 것도 그 방향으로 첫걸음을 떼는 한 가지 방법입니다. 이 방법은 테드 케네디 Ted Kennedy가 발의했는데요, 그는 하버드대 동문이면서도 이들 대학이 전체 응시자 대비 특례 입학자의 비율을 공개하도록 요구하는 법률을 제안했습니다.

피케티 투명성이 중요한 것 같네요. 하지만 대서양 반대편의 제가 멀리서 이 문제를 바라볼 때, 우리는 조금 더 급진적이어야 한다고 느낍니다. 우리는 대학들이 신입생을 선발할 때 모든 사람에게 똑같은 규칙을 적용하도록, 혹은 가능하면 특정한 인종적 배경을 지닌 학생들보다는 소득 하위 계층에 속한 학생들에게 더 많은 기회를 주도록 요구해야 합니다. 아니면 적어도 인종적 기준보다 더 보편적인 기준을 적용하고, 부유한 기부자들의 자녀에게 특별 대우를 해주지 말든가요. 우리가 지금과 같은 방식에 익숙해지는 건 조금 미친 것으로 보입니다. 저는 관리 선발에 특례를 두었던 중국 왕조 시대 말기에 관해 이야기했었는데요, 하지만 그 방식은 나중에 공산화 후 중국 정부가 바꿔버렸지요. 그래서 저는 미국 사람들이 잘못된 것으로 보이는 게임의 규칙에 익숙해진 게 조금 걱정스럽습니다.

샌 델 동의합니다. 우리는 그런 방식을 없애야 합니다. 문제는 정확히 어떻게 없애느냐 하는 거지요. 하지만 분명히 대학들은 그런 제도를 폐지해야 하고, 사람들은 대학들이 그런 방식을 멈추도록 압력을 가해야 합니다.

6. 대입과 선거에 추첨제를 활용해야 할까?

샌 델   추첨제에 대한 당신의 질문으로 돌아가 보겠습니다.
먼저 제가 제안하는 것은, 충분한 자격을 갖춘 사람
들을 대상으로 하는 추첨이라는 점을 강조하고 싶습
니다. 하버드대학교나 스탠퍼드대학교 같은 곳은 한
해 응시자가 약 6만 명에 달하는데, 받아들이는 인원
은 2000명도 채 안 되지요. 응시자 대다수는 학업을
잘하고, 동료 학생들의 배움에 기여할 수 있는 충분
한 역량이 있습니다. 그래서 누가 최고의 대학에서
혜택을 받으며 재능을 꽃피울 자격이 있는지 입학사
정위원회가 결정하도록 하자는 것이 제 제안입니다.
그런 자격이 있는 학생은 6만 명의 응시자 중 가장

뛰어난 2만 5000명 내지 3만 명밖에 안 될 텐데, 이 중에서 추첨을 통해 2000명을 뽑는 거지요.

이런 제안을 하는 주된 이유는, 소득 계층을 더 많이 섞을 수 있게 하자는 게 아닙니다. 물론 그것도 중요하지요. 소득 계층을 섞는 것은 매우 중요한 일이고, 그래서 저는 가족 중 처음으로 대학에 들어오는 학생들이나 저소득 계층 출신의 학생들을 돕기 위해 적극적인 차별 시정 조치가 있어야 한다고 생각합니다. 비록 이들의 시험 점수가 다른 학생들과 똑같지 않더라도 말이지요. 우리는 추첨제와 별도로 그런 일을 할 수 있고, 저는 그렇게 하는 것에 찬성할 겁니다. 추첨을 하자는 주된 이유는, 대학 입학의 의미를 달리 생각하고 승리와 패배에 대해 지금과 같은 광란의 대입 제도가 부추기는 태도를 바꾸는 데 있습니다. 추첨제는 입학이 승인된 이들에게 어쨌든 현재의 시스템에서 무엇이 맞는 말인지 상기시켜 줄 것입니다. 자신의 입학에 많은 행운이 따랐다는 사실 말입니다. 그렇지 못해 떨어진 이들에게도 같은 것을 상기시켜 주겠지요. 이는 승자의 오만에 도전장을 내밀거나 그 기를 꺾기 시작하는 하나의 방법입니다.

패배한 이들의 열패감과 사기 저하를 누그러뜨리는 길이기도 하고요.

이 방식은 현재 사회적 삶에서 하나의 작은 영역에 적용하는 것이지만, 우리는 다른 영역에서도 이 방식을 활용하는 것을 생각해볼 수 있습니다. 특히 상하원이 있는 나라에서 대의정부나 의회정부를 개혁하는 것을 포함해서요. 양원제 입법부나 의회를 개혁할 때, 하나의 기구는 선출된 대표들로 구성하고, 다른 기구는 귀족원 혹은 작은 주들이 너무나 과잉 대표되는 미국의 상원 같은 형식이 아니라 추첨으로 뽑은 시민들로 구성되는 원院으로 만들 수도 있습니다. 이는 그리스 민주주의 발상으로 돌아가는 것이지요. 혹은 배심원단과 비교할 수도 있겠네요. 우리는 배심원단을 추첨으로 구성합니다. 배심원단이 유무죄를 결정할 수 있다면, 왜 추첨으로 뽑힌 대표들이 대의기구와 더불어 공동선에 관해 숙의할 수 없겠습니까?

이는 정치적 운동에서 엄청나게 커진 돈의 역할을 줄이고, 공직에서 어떤 순환 효과를 얻는 하나의 방법이 될 수 있습니다. 이렇게 하면 또한 능력주의 시대가 만들어낸 학력주의자credentialist의 편견에 맞설 수 있습니다. 전 세계 민주주의 국가의 대다수 시민은 대학 학위가 없습니다. 미국에서는 전체 국민의 약 38퍼센트만 4년제 대학 학위를 가지고 있습니다. 즉 3분의 2가량은 학위가 없지요. 영국에서는 대학 학위가 없는 사람이 전체의 약 70퍼센트에 이릅니다. 그런데 이러한 사람들 중에서 몇 퍼센트나 의회에 입성할까요? 아주 아주 적은 수치, 약 5퍼센트 내지 10퍼센트에 불과합니다. 그 결과, 서방의 민주주의 국가에서 노동 계급 의원들은 아주 적습니다. 이것이 진정 대의제일까요? 우리는 이런 상황을 받아들이고 있습니다. 이에 관한 활발한 토론은 없지요. 미국 의회나 프랑스 하원, 혹은 다른 유럽 민주주의 국가 의회에 진출한 여성의 비율이 그토록 불균형적이라면 논쟁이 있었을 텐데요. 우리는 대의정부에 더 많은 여성이 들어가도록 하는 데 많은 진전을 이뤘습니다. 그런데 왜 대학 학위가 없는 사람들이 의회에 진출할 수 없다는 사실에 대해서는 토론도 없이 그토록 쉽게 받아들이는 걸까요? 입법 기구가 둘인 양원제 국가에서는 추첨제 발상이 지금의 상황을 돌

파할 한 가지 방법이 될 수 있습니다. 한 기구는 선거 관련 기부를 적절히 제한하면서 선출을 통해 구성하고, 다른 한 기구는 추첨으로 자리를 순환시키는 것이지요.

피케티 매우 흥미로운 발상이군요. 하지만 이 두 가지 경우에 추첨보다 더 나은 방법을 쓸 수 없는지 궁금하네요. 대학 입학 제도와 의회의 사회적 구성을 바꾸는 문제를 하나씩 살펴보죠. 먼저 대입 제도를 생각해본다면, 저는 적합한 자격을 갖춘 사람들을 대상으로 추첨으로 선별하자는 당신의 제안을 예일대학교 법학 교수인 대니얼 마코비츠Daniel Markovits가 한 또 다른 제안과 대조해보려고 합니다. 마코비츠의 제안은 당신의 책에서도 언급되었는데요, 그는 아이비리그 대학들에 이렇게 말할 겁니다. "당신들이 원하는 대로 하라. 하지만 최종적으로는 당신네 학생 중 적어도 절반은 부모의 소득이 이 나라 하위 3분의 2에 속하는 계층에서 나오도록 하기를 바란다. 당신들 입학 제도를 설계할 때, 저소득층 학생들의 입학에 필요한 점수를 낮추든, 아니면 다른 무엇이든 하고 싶은 대로 하라. 하지만 저소득층 학생 비율은 최소한의 조건이며, 그것을 충족하지 못하면 당신들은 제재를 받을 것이다." 마코비츠는 구체적으로 대학들의 면세자 지위를 박탈하는 제재를 언급했지요. 그러나 저는 우리가 그보다 훨씬 많은 것을 할 수 있다고 생각합니다. 왜냐면 기본재에 대한 접근을 규제할 때, 그 조건을 충족하는 것이 그들이 해야 할 의무 중 하나라고 주장할 수 있기 때문입니다. 여기서 기본재는 더 높은 수준의 교육을 받는 것을 말합니다.

당신이 제안한 추첨제에 관해 제가 묻고 싶은 건, 하버드대에 대한 사회적 접근을 확대하는 면에서 그 제도가 마코비츠가 내놓은 제안만큼 극적인 효과를 낼 수 있을까 하는 점입니다. 적어도 설계된 방식을 보면 그럴 수 없을 것 같거든요. 앞에서 당신은, 지금 하버드대에서는 소득 하위 50퍼센트 가정 출신의 학생들을 전부 합한 것보다 상위 1퍼센트 가정 출신의 학생이 더 많다는 통계를 언급했습니다. 이는 하버드대, 스탠퍼드대, 예일대에도 적용되는 수치일 수 있습니다. 당신의 제안이 이런 상황을 바꿀 수 있으리라 기대할 수 있을까요? 추첨제 없이도 최종적으로는 더 야심 찬 목표에 이를 수 있는 마코비츠의 제안과 비교할 때 얼마나 효과가 있을까요?

샌 델 글쎄요, 저는 여기에 두 가지 목표가 있다고 봅니다. 하나는 제가 적극적으로 지지하는 목표인데요, 저소득층 가정 출신의 학생들이 더 많이 입학할 수 있도록 엘리트 대학들의 계층 구성을 바꾸는 겁니다. 이 목표는 저소득층 출신 학생 수가 일정 비율을 넘어야 한다는 조건을 달아서 대학에 세금을 면제해준다거나, 가족 중 처음으로 대학에 들어오는 학생이나 저소득층 출신의 학생들을 더 많이 받아들이게 적극적 차별 시정 조치를 시행하도록 촉구함으로써 이룰 수 있습니다. 더 공정한 접근권을 제공하기 위해 학내 계층의 구성을 바꾸는 목표는 그 자체로 중요합니다. 추첨제는 여기에 어느 정도 도움이 될 수는 있겠지만, 이것만으로는 저소득층 학생 수를 충분히 늘릴 수 없을 겁니다. 그래서 다른 두 가지 방식이 필요합니다. 추첨제를 제안한 데는 어느 정도 별개의 목적이 있습니다. 그리고 이 제안은 두 번째 목표를 겨냥합니다. 바로 대입과 관련된 능력주의의 오만을 줄이고, 젊은이들이 청소년기 내내 받게 되는 극심한 압력, 불안을 유발하는 압박감을 어느 정도 줄이려는 것입니다. 이런 압력은 학생들이 경쟁할 수 있게 준비시키는 가족들이 가하는 것입니다. 부분적으로는 이러한 압력을 누그러뜨리고, 누군가가 어떤 결과에 다다른 것은 모두 그 자신의 행동 탓이라는 인식을 줄이는 것이 추첨제의 목표입니다. 그러니까 추첨제와 마코비츠식 구상은 목적이 다른데요, 우리는 두 가지 방식을 다 고려해야 한다고 생각합니다.

피케티 그러면 추첨제와 마코비츠식 구상을 어떻게 결합할 수 있을까요?

샌 델 글쎄요, 몇 가지 방법이 있겠지요. 먼저 전체 학생 중 저소득층 학생의 바람직한 비율을 정해 그들을 직접 선발하고 나서 추첨을 하는 방법이 있을 수 있겠네요. 아니면 추첨을 하면서, 저소득층 학생들에게는 추첨통에 넣을 추첨권을 추가로 더 줄 수도 있고요.

피케티 의회에 관해서도 같은 의문이 있는데요, 추첨과는 다른 방식이 있을 수 있다는 점 말이에요. 그 방식은 추첨제와 함께 사용할 수도 있고, 아니면 그 대안으로 사용할 수도 있을 텐데요, 아마도 추첨제만큼 야심 차거나 더 야심 찬 목표를 달성할 수도 있겠지요. 사례를 하나 들어볼까요? 바로 지금 대학 학위가 없는 이들이 전체 인구 중 50퍼센트인데, 의원 중 5퍼센트만 이 인구 집단에 속한다고 해봅시다. 두 번째 원을 구성하기 위해 전체 인구를 대상으로 추첨을 하면 의원 중 50퍼센트는 대학 학위가 없을 겁니다. 이는 때로 '기술적 대표성(descriptive representation, 의원들이 유권자의 특성이나 구성을 충실히 대표하는 정도_옮긴이)'이라 일컫는 것을 개선할 한 가지 방법이 되지요.

그런데 다른 방법도 있습니다. 여기서 제가 잘 아는 사람인 쥘리아 카제(Julia Cagé, 프랑스 경제학자로 피케티의 부인이다_옮긴이)가 한 제안을 전하고자 합니다. 그녀는 기본적으로 우리가 각 정당에 선거구에서 뛰는 후보들이 유권자 구성에 비례하도록 요구할 수 있다고 주장합니다. 목표로 삼은 집단이 인구의 50퍼센트라면 후보 중 50퍼센트가 이 집단에 속해

있어야 하지요. 이때 우리는 정당들이 이길 수 없는 선거구에만 이 후보들을 내도록 바라지 않습니다. 그래서 선거가 끝난 후 소속 의원 가운데 이 인구 집단 출신이 50퍼센트에 못 미치면 그 정당들은 엄청난 재정적 제재를 받을 것이라는 점을 분명히 해야 합니다.

이는 단순히 사회과학자들의 이론적 사고가 아닙니다. 유권자가 서방 세계의 유권자를 다 합친 것보다 많은, 14억 인구의 인도라는 나라를 한번 볼까요? 인도는 1950년 이후 선거구의 25퍼센트를 무작위로 골라내는 시스템을 활용해왔습니다. 그리고 이 25퍼센트 선거구에서는 모든 정당이 지정 카스트(scheduled castes, 불가촉천민 계급의 공식 호칭_옮긴이)와 지정 부족(scheduled tribes, 피차별 소수 민족의 공식 호칭_옮긴이) 출신의 후보를 내야 합니다. 이 차별받는 계층은 역사적으로 인도 사회의 하위 25퍼센트를 차지했습니다. 이 시스템은 제가 설명한 방식과 정확히 같은 것은 아니지만, 이런 식으로 뭔가가 실행될 수 있다는 점을 보여줍니다. 당신이 제안한 추첨제와 비교할 때 이런 해법의 장점은, 기술적 대표의 장점과 선거의 장점을 결합할 수 있다는 것입니다. 우리는 단지 저학력 혹은 블루칼라 노동자 중 아무나 무작위로 뽑으려는 것이 아닙니다. 결국 의회에 진출할 수 있는 사람은 모두 일단 후보자가 되어야 합니다. 이들은 정치적 운동과 집단적 숙의를 통해 자신이 지지하는 것을 보여줘야 합니다. 당신은 왜 이런 것보다 추첨제를 선호하나요?

샌 델 그건 또 다른 굉장히 흥미로운 제안이군요. 저도 공감이 됩니다. 그 방식은 정당 명부(비례 대표를 뽑기 위한 정당별 후보 명단_옮긴이)가 있는 시스템에서 더 잘 작동하겠네요.

피케티 아니요, 인도의 선거구 제도는 미국, 영국의 선거 제도와 크게 다르지 않습니다. 인도의 선거구 제도가 작동하는 방식은 이렇습니다. 자, 선거구가 500곳 있다고 합시다. 이들 선거구 중 25퍼센트를 무작위로 골라내는 거지요. 이 100곳이 넘는 선거구에서는 의회당이든, 인도국민당이든, 혹은 공산당이든 자신들이 원하는 후보를 낼 수 있지만, 그 후보는 지정 카스트나 지정 부족의 인물이어야만 합니다. 따라서 누가 당선되든 그 집단의 구성원이 선출되지요. 따라서 의회에서도 당연히 목표한 집단의 인물로 25퍼센트를 채우게 될 거고요.

샌   델   흥미롭군요. 저는 그런 개선을 위해 다양한 방식을 실험하는 데 열려 있습니다. 그 결과와 효과를 연구해봐야겠지만, 우리는 학력과 계급을 고려해 의회의 사회적 구성을 어떻게 개선해나갈지 더 활발하게 공개적인 논의를 해야 한다고 봅니다. 그리고 이 모든 구상을 검토할 가치가 있다고 생각합니다.

피케티   그러면 당신은 특별히 추첨제만 선호하는 것은 아니군요.

샌   델   물론입니다. 저는 다양한 정치 체제에서 이러한 구상들이 어떻게 작동할지 알아볼 전문성이 부족하지만, 이것들을 정치 의제에 올려야 한다고 생각합니다.

피케티   능력주의에 관한 이 토론에서 제가 중요하게 여기는 또 하나의 문제는 우리가 이미 언급했습니다. 존엄성의 문제가 바로 그것이지요. 당신이 저서에서 설득력 있게 되풀이해 강조한 한 가지는, 미국에서, 그리고 어느 정도는 전 세계적으로 대학 시스템이 젊은이들을 선별하거나 서열화하는 일종의 거대한 기계가 되어버렸다는 사실입니다. 이 시스템은 많은 고통을 자아냅니다. 우리는 어떻게 이 시스템에서 빠져나와야 할까요? 이런 구도상 더 큰 문제를 풀지 못하는 추첨제를 활용하는 방안 말고요.

샌 델 좋습니다. 이런 구도에서 더 큰 부분을 차지하는 문제와 관련해 저는 무엇보다 먼저 정치 담론의 초점을 옮겨야 한다고 생각합니다. 우리는 어떻게 사람들을 능력주의 경쟁을 위해 무장시킬 것인지보다는 어떻게 노동의 존엄성을 인정할 것인지, 어떻게 전체 경제와 공동선에 공헌한 사람들의 삶을 개선할 것인지에 초점을 맞춰야 합니다. 대학 학위가 있든 없든 일을 하고, 가족을 부양하고, 공동체에 봉사하는 사람들 말이지요. 다양한 제안들을 논의할 수 있습니다. 무엇을 노동의 존엄성을 위한 것으로 볼지, 그것을 어떻게 장려할지를 놓고 좌파와 우파 사람들의 의견은 당연히 갈릴 겁니다. 하지만 바로 그것이 우리가 논의해야 할 문제입니다. 성공의 사다리를 경쟁적으로 기어오르도록 사람들을 무장시키는 데 집중하면서 그 사다리의 단 사이가 갈수록 멀어지는 걸 간과하는 것과는 초점이 다르지요.

많은 노동자와 학위 비소지자들이 엘리트층이 자신들을 업신여기고, 자신들이 하는 일의 가치를 인정해주지 않는다고 느낍니다. 이는 엘리트층에 대한 반발을 불러일으키는 가장 강력한 원천이지요. 트럼프에게 투표하는 사람들, 그리고 그와 비슷한 정치인에게 투표하는 유럽 사람들을 보면 알 수 있지요. 이는 우리가 논의하는 부분, 즉 주류 정당들이 불평등 문제를 다룰 때 주로 학력 수준을 높여서 개인의 상향 이동을 꾀하는 방식을 강조하는 것과 어느 정도 연관이 있습니다. 우리는 고등 교육을 통한 개인의 상향 이동이 불평등 문제에 대한 적절한 해답이 아님을 인정하는 것부터 시작해야 합니다. 그리고 우리처럼 트럼프나 르펜 같은 인물들에게 극히 비판적인 사람들은 노동자와 학위 비소지자들이 고학력 엘리트들에 대해 느끼는 정당한 불만을 진지하게 받아들여야 합니다. 이는 정치적으로 늘 쉬운 일만은 아니지요. 최근 몇십 년 동안 어떻게 진보 정치의 주류 프로젝트가 노동자와 학위 비소지자들의 정당한 불만을 키웠는지를 따지기보다는, 트럼프 같은 인물들과 그들이 호소하는 인종주의, 여성 혐오, 외국인 혐오를 비난하는 쪽이 더 쉬워진 탓도 있습니다.

사례를 하나 들어보지요. 브루킹스연구소Brookings Institution의 경제학자 이사벨 소힐Isabel Sawhill이 몇 년 전 미국에서 연방정부가 대학 진학 지원에 쓰는 보조금과 대출, 세액 공제 금액에 관한 연구를 했는데요, 그 금액이 한 해 1620억 달러나 됐습니다. 직업 교육과 기술 교육 지원에 쓴 돈은 연 11억 달러에 그쳤는데 말이지요. 10억 달러가 조금 넘는 돈과 1620억 달러를 한번 비교해보시죠. 자, 바로 이 수치가 지금의 정책 입안자들이 가진 학력주의credentialism와 능력주의 편견이 반영된 결과입니다. 우리가 논의하고 있는 분배적 정의 문제로 되돌아가서 보면, 이는 불공정할 뿐만 아니라 노동 계급이 하는 일에 대한 존중도 부족하다는 사실을 보여줍니다. 이러한 존중과 인정이 부족하다는 문제는 금융업 종사자들에게 돌아가는 과도한 보상 때문에 더욱 심각해지고요. 왜 헤지 펀드 운용자가 교사나 간호사보다, 심지어 의사보다도 5000배나 더 받아야 할까요? 간호사나 의사, 혹은 교사가 기여한 가치와 비교하면 전혀 균형이 맞지 않아 불공정해 보입니다. 그래서 우리는 다시 사회적 기여의 가치와 평가, 재평가의 문제로 돌아가게 됩니다. 하지만 이는 불공정한 것을 넘어 일종의 모욕이기도 합니다. 적어도 암묵적으로는 우리 사회가 돌봄 노동자든, 전기 기사나 배관공이든, 우리에게 익숙한 의미의 노동을 하는 계층에게 주는 집단적인 모욕인 것입니다. 우리는 왜 이들의 교육과 훈련에 전문직 계층이 될 사람들에게 하는 것만큼 투자하지 않는 걸까요? 우리는 왜 이들의 노동을 소중히 여기지 않는 걸까요? 사실 사회학자들이 냉대받는 소수 집단에 대한 갖가지 편견을 조사한 적이 있는데요, 먼저 유럽에서, 그다음 미국에서 사람들에게 일반적으로 냉대를 받는 소수 집단의 목록을 제시했습니다. 조사 결과, 응답자들이 가장 심하게 냉대한 집단은 교육을 잘 받지 못한 사람들이었습니다.

그래서 학력주의는 어떤 의미에서는 끝내 용인되어서는 안 되는 편견입니다. 우리가 다른 형태의 편견들을 떨쳐버렸다는 의미는 아닙니다. 그건 어림도 없는 일이지요. 사람들이 학력주의를 생각 없이, 별로 미안한 기색도 없이 받아들인다는 뜻입니다. 그래서 노동의 존엄성이 중요합니다. 이것은 사회민주주의 정치를 재생하는 데 중요한데요, 노동의 존엄성을 인정하는 것이 곧 문제는 재분배로 해결할 수 있는 불공정만이 아님을 인식하는 것이기 때문입니다. 대학 학위 없이도 공동선에 값진 공헌을 하는 이들에게 돌아가야 할 인정이 부족하고, 명예와 존중이 부족하다는 것 역시 문제입니다.

7. 누진 세제와 공동체

피케티   아이비리그 대학에 들어가는 작은 집단에 영광을 돌리느라 소비된 그 모든 시간에 비해 기술 훈련 과정에 공공의 관심이 덜한 것은 완전히 균형을 잃은 것이죠. 저는 그 예시가 마음에 듭니다. 또한 충분히 노력하면 성공할 것이라는 신화에 관해 당신이 말해준 이야기도 좋아하고요. 적절한 자원을 받지 못하는 대다수 종합대학과 공립 단과대학, 기술 훈련 학교에 관해서는 누구도 말하지 않습니다. 저는 인구 대다수가 이런 식의 위선에 몹시 분개한다는 점을 강조하고 싶습니다. 고등 교육에 대한 접근성 면에서 많은 불평등이 있는 미국에서만 그런 것이 아니라, 우리

프랑스 같은 나라들에서도 그렇습니다. 프랑스의 시스템은 고등 교육 재원을 공적으로 조달하는 것으로 되어 있지만, 우리는 때로 보통의 4년제 대학교 혹은 2년제 전문대학보다는 엘리트 학교에 학생당 자원을 3~4배 더 많이 투자합니다. 이는 불공정할 뿐만 아니라 개인의 존엄성에 진정으로 의문을 제기하는 것입니다.

저는 이 문제를 풀려면, 고등 교육에 투입하는 자원을 양적으로 늘려야 한다는 점을 강조하려 합니다. 의료와 병원, 고등 교육에 대한 요구가 늘어날 때, 국민소득 대비 지출 비율을 일정하게 유지하면서 이 문제를 해결하려고 하면 전혀 효과가 없을 텐데요, 이 사실을 언젠가는 분명히 밝히는 것이 중요합니다. 이는 결국 최근 몇십 년간 우리가 빠졌던 바로 그 모순입니다. 우리는 언젠가 국민소득 중 이런 공공 서비스와 기본적 재화에 투입하는 자원의 비율이 계속해서 높아져야 한다는 견해를 받아들여야 합니다. 그 비율은 어느 수준에서 멈출까요? 유럽 국가들을 보면 제1차 세계대전까지 국민소득의 10퍼센트도 안 되는 조세 수입을 얻었습니다. 오늘날에는 국민소득의 50퍼센트를 얻지요. 이 비율이 60, 70, 80퍼센트로 높아질까요? 알 수 없습니다. 하지만 이 비율은 올라야 합니다.

만약 100년 전 유럽 사람들에게 조세 수입이 국민소득의 50퍼센트로 늘어날 거라고 하면 사람들은 이렇게 말했을 겁니다. "응, 그건 공산주의야. 하늘이 무너지겠어. 경제는 붕괴하고 사회 질서는 사라지겠네." 뭐, 사실은 그 비율이 그만큼 높아졌고, 이는 역사적으로 엄청난 성공이었지요. 그래서 저는 오늘날 이 수치가 영원히 동결되어야 한다고 미리 단언하는 사람들에게 감명받을 필요는 없다고 생각합니다. 사실 동결되지도 않을 거고요. 우리가 공공 재원으로 서비스를 개선하지 않으면, 의료 서비스에 더 많은 민간 자원이 투입되겠지요. 바로 미국에서 보듯이 말입니다. 연구에도 구글이나 마이크로소프트, 혹은 다른 어떤 곳이든 더 많은 민간 자원이 투입되고, 사립대학 교육에도 더 많은 자원이 투입될 겁니다. 그것은 모두 매우 불평등할 겁니다. 그리고 어떤 경우에는 실제로 우리가 앞서 이야기한 내적 동기를 일부 파괴할 테지요. 그래서 모든 관점에서 민간 자원 투입은 바람직하지 않을 겁니다. 대안은 우리가 공공의 자원을 늘리자는 구상을 받아들이는 건데요, 이 구상은 더 공평한 조세 체계에 대한 약속과 더불어 나옵니다. 소득과 부에 대해 매우 가파른 누진 세제로 돌아가는 것이지요. 이런 것들은 우리가 해결할 수 있는 과제이지만, 그 과업의 중대성을 깨닫는다는 조건 아래에서만 그렇습니다.

그러고 보니 제가 당신에게 질문하고 싶은 것이 또 하나 있는데요, 이 문제에 대해서는 조금 따져보고 싶군요. 우리가 존엄성을 소중히 여기고 존엄성에 대한 인식을 사회에 더 널리 확산하고 싶다면, 임금 차이나 소득 격차를 대폭 축소해야 한다고 봅니다. 모든 임금에 대해 완전한 1 대 1 평등을 이뤄야 한다고 말하는 것은 아닙니다. 1 대 5 정도면 충분하다고 생각합니다. 이에 대해 더 많은 이야기를 할 수 있지만, 제가 본 비교역사적 증거에 의하면 그렇습니다. 어떤 이들은 1 대 10을 말할 수도 있겠습니다만, 최하위와 최상위 계층 간 격차가 1 대 50, 1 대 100, 1 대 200이라면 문제는 돈만이 아니지요. 이는 실제로 존엄성의 문제입니다. 그런 격차는, 누군가는 다른 사람들의 시간을 살 수 있다는 걸 의미하고, 이는 매우 실제적인 영향을 미치기 때문입니다. 자신의 소득 중 아주 조금만 할애하면, 자기가 원하는 일을 다른 사람들이 시간을 들여서 하도록 시킬 수 있다고 믿는 사람도 있습니다. 따라서 이처럼 엄청난 임금 차이는 사회적 관계에 심각한 영향을 줍니다. 제가 보기에 우리는 최저 임금minimum wage은 물론이고, 최고 임금maximum wage도 한도를 정해야 합니다. 그뿐만 아니라 아주 가파른 누진 세제로 돌아갈 필요도 있습니다. 이는 환경 오염에 과세하는 것과 같습니다. 사람들은 일정 소득 수준을 넘어가면 80~90퍼센트의 세율을 적용하길 원합니다. 그런 일이 미국에서 반세기 동안 일어났지요. 저는 역사적 증거를 찾는 데 많은 시간을 할애했는데요, 제가 본 증거는 이런 제도가 실제로 매우 잘 작동했다는 겁니다.

자, 저는 이 지적 전투에 사회과학자들뿐만 아니라 철학자들 또한 어떻게 뛰어들지 궁금합니다. 바로 이 지점에서 당신에게 따져보고 싶군요. 저는 1971년에 출간된 존 롤스의 《정의론》을 읽을 때마다 늘 혼란스럽습니다. 당신이 롤스에게 비판적이었다는 것은 알아요. 롤스는 1971년에 이 책을 썼는데요, 바로 그 시기 미국에서는 세율이 가파르게 높아지는 누진세가 장기간 과세되고 있었습니다. 그 과세 정책은 곧 무너지려던 참이었지만요. 같은 시기에 사상적인 우파 진영에는 자신이 하고 싶은 일이 무엇인지 아주 명확히 알고 있는 프리드리히 하이에크나 로버트 노직, 밀턴 프리드먼 같은 사람들이 있었습니다. 그들은 누진 세제를 완전히 무너뜨리길 원했고, 항상 이 문제를 이야기했습니다. 물론 그들은 1980년대에 승리를 거두게 되지요.

롤스를 그들과 비교해볼까요? 롤스는 누진 세제에 찬성하는 편이었지만, 완전히 드러내놓고 그런 견해를 밝힌 적은 없었습니다. 그의 책을 전부 읽어봐도 미국에서 1940년대부터 1960년대까지 최고세율이 80~90퍼센트에 이르렀다는 사실에 대한 언급이 없습니다. 그가 누진 세제에 찬성하면서도 그걸 잊어버리고 말하지 않았다고 추측해볼 수도 있겠지요. 이런 실제적 문제들에 관한 정치적 싸움에 그토록 의욕이 없었던 것은 결국 그다지 훌륭한 태도가 아니었다고 봐야 할지도 모르겠네요. 지적 우파는 누진 세제를 무너뜨리려고 싸우고 있었지만, 지적 좌파는 그것을 방어하는 데 그다지 열의가 없었습니다. 제가 보기에 이는 왜 보수 진영이 전투에서 이겼는지 어느 정도 설명해줍니다.

롤스 이후 30~40년이 지난 오늘날, 마이클 샌델을 읽을 때 저는 세계화에 관한 싸움에 뛰어들려는 훨씬 강한 의욕을 느낄 수 있습니다.《당신이 모르는 민주주의》의 새로 쓴 에필로그(한국어판에서는 7장_옮긴이)에서 클린턴 행정부와 오바마 행정부에 대해 당신이 한 이야기는 롤스식의 글보다 훨씬 더 역사에 뿌리를 두고 있습니다. 하지만 당신은 여전히 누진 세제나 다른 실제적인 정책 문제에 관해, 철학자라면 그랬으면 좋겠다고 제가 생각하는 만큼 확실한 입장을 정하지 않고 있습니다. 그래서 저는 당신에게 따지고 싶습니다. 우리가 노동의 존엄성을 더 원한다면, 진지하게 소득과 임금의 격차를 줄여야 하지 않을까요? 우리는 당신 같은 철학자의 도움으로 이 지적 전투에서 이겨야 하지 않을까요?

샌 델 물론입니다. 하지만 저 자신뿐만 아니라 철학자 전체를 대신해서 답하기란 역시 대단히 어려운 일이네요. 당신이 말한 것처럼 제가 롤스를 비판하는 건 맞습니다만, 먼저 철학자들을 대신해서 롤스를 변호해 한마디 하겠습니다. 물론 제한적인 변호겠지만요. 저는 사회에서 가장 불리한 구성원을 돕는다는 롤스의 차등 원칙difference principle 개념으로 더 급진적인 누진세 체계를 정당화할 수 있다고 생각합니다. 정의에 대한 그의 개념이 그것을 요구한다고 주장할 수 있지요. 그가 말한 것들만 가지고도 변호하는 게 가능합니다. 저는 이 정도까지만 그를 변호하려 합니다.

제가 생각하기에 롤스에게 부족했던 점은, 이것이 그에 대한 제 비판의 주된 논지인데요, 롤스는 선善 혹은 훌륭한 삶에 관한 어떤 특별한 개념도 확실히 인정하지 않고 정의의 원칙들을 규정하고 옹호하고 싶어 했다는 겁니다. 저의 주된 주장은, 우리가 앞서 논의한 대로 정의 혹은 분배의 문제를 훌륭한 삶의 문제, 가치 판단의 문제와 떼어놓는 건 가능하지도 않고 바람직하지도 않다는 겁니다. 그것이 제가 롤스와 견해를 달리하는 주요 지점입니다.

훌륭한 삶과 가치 판단의 문제는 누진 세제에 관

한 지금의 논의에 중요한 의미를 지닙니다. 저는 더 누진적인 세제를 바라는 당신의 주장에 매우 공감합니다. 그렇지만 저는 누진 세제를 지지하는 도덕적·정치적 논거는 강력한 공동체 의식을 배양하고 그에 호소할 수 있느냐에 달려 있다고 봅니다. 우리는 동료 시민으로서 서로를 위해 상호 책임과 채무를 지면서 공동의 프로젝트에 참여한다는 강력한 의식 말입니다. 그래서 저는 누진 세제와 재분배의 도덕적 토대는 정체성과 소속감, 일체감, 공동체, 연대의 문제와 떼어놓을 수 없다고 생각합니다.

전통적으로 사회주의 정치와 철학은 연대 개념에 많이 의지했습니다. 롤스가 이루고자 했던 것 중 하나는 미국적 개인주의의 특정 형태와 양립할 수 있는 방식으로 재분배의 논거를 만드는 것이었지요. 아마도 그가 미국에서의 경험을 바탕으로 《정의론》을 집필했기에 그랬겠지요. 또 그가 다원주의를 중시했기 때문이기도 하고요. 그런 면에서 롤스는, 어느 정도는 자신의 논거가 공유된 정체성, 공동의 목적이나 목표에 관한 어떤 특정한 개념에도 바탕을 두지 않기를 원했습니다. 저는 그것이 철학적으로 실수였다고 봅니다. 또한 진보주의자와 사회민주주의자들이 공유성commonality과 공동체, 정체성의 도덕적 기반에 주의를 기울이지 않고 누진 세제를 정당화하려고 했던 것은 정치적으로도 실수였다고 생각합니다.

그러면 우리는 그런 조건들을 어떻게 만들어낼 수 있을까요? 우리는 어떻게 공유성을 배양할 수 있을까요? 이는 순전히 추상적인 질문이 아닙니다. 토마, 당신이 옳게 지적한 대로 모든 부는 개인적 성취에 따른 게 아니라 집단적 산물입니다. 이는 중요한 지적입니다. 그렇지만 우리가 공동의 프로젝트에 참여하고 있다는 것, 우리가 서로에게 의존하면서 책임을 지고 있다는 것을 느끼고 인식하고 믿으려면, 시민 사회 안에서 우리의 공유성을 상기시켜 줄 조건과 제도를 만들어야 합니다.

자, 여기 존엄성과 상호 인정을 위한 구상을 발전시킬 구체적인 제안이 있습니다. 최근 몇십 년 동안 확대된 불평등의 가장 심각한 부식 효과 중 하나는, 부유한 사람들과 대단치 않은 재산을 가진 사람들이 서로에게서 점점 더 분리된 삶을 살고 있다는 점입니다. 앞서 논의했던 것처럼, 우리는 자녀들을 서로 다른 학교에 보냅니다. 그뿐일까요? 서로 다른 곳에 살면서, 서로 다른 곳에서 일하고 쇼핑하고 놀지요. 부자들은 각종 지역 센터에서 탈퇴하고 사설 헬스클럽에 나갑니다. 시민 사회에서 여러 계층이 섞이는 기관들은 갈수록 감소하고, 부자들과 가난한 이들이 평소 살아가면서 마주칠 일도 점점 더 줄어들고 있습니다. 우리는 공유하는 삶을 위한 시민적 인프라스트럭처를 건설해야 합니다. 건강 클리닉이나 대중교통에서든, 공원이나 휴양 장소에서든, 지역 자치 시설이나 공공 도서관에서든, 아니면 스포츠 경기장에서라도 사람들이 우연히 마주칠 수 있게 해야 합니다. 이처럼 서로 다른 계층이 무심코 어우러지게 하면 우리에게 공유성을 되새기게 하는 습관과 태도, 기질을 만들어낼 수 있습니다. 따라서 더 평등한 사회를 만들어내기 위한 어떤 프로젝트에도 이런 일이 포함되어야 합니다. 누진 세제가 필수라는 당신의 주장에는 동의하지만, 그 세율에 도달하기 전에 이런 일이 선행되어야 합니다. 우리는 각계각층의 사람들을 모으고, 상호 책임감과 소속감을 배양할 공공장소와 공동의 공간을 만들어야 합니다.

저는 철학적으로 롤스의 프로젝트에서는 이것이 빠져 있다고 봅니다. 정치적으로도 지난 반세기에 걸쳐 진보 정치와 사회민주주의 정치에서 빠져 있었다고 생각하고요. 바로 이 때문에 저는 더 평등한 사회를 이루려는 그 어떤 시도도 그 성패는 공유하는 삶의 방식에 대한 습관과 태도, 인식에 주의를 기울이는 데 달려 있다고 여깁니다. 지금까지는 부유한 이들과 나머지 사람들의 격차가 커지면서 그런 삶의 방식은 침식됐지요. 이것은 엄밀히 말해 철학적이라기보다는 실제적인 관찰입니다. 하지만 더 누진적인 세제나 더 탄탄한 복지 국가를 위한 논거를 공동의 목적과 목표에 관한 어떤 공유된 개념으로부터 떼어놓을 수 없다는 철학적 견해와 연관되어 있습니다. 어떻게 생각합니까?

피케티 전적으로 동의하지만, 저는 그것들이 상호 보완적이라고 말하고 싶네요. 왜냐면, 당신이 공유성과 공통의 경험, 시민적 가치를 강조하지 않고는 누진 세제와 소득 격차 축소 논리를 방어할 수 없다고 했으니까요. 그 주장엔 동의합니다. 그런데 당신은 누진 세제를 강조하지 않고 공유성을 옹호할 수 있습니까?

샌 델 아니요. 그렇게 보면 상호 의존적이네요. 맞습니다.
한쪽이 다른 한쪽에 의존하지요.

피케티 하지만 당신이 기다려야 한다고 하면……．

샌 델 기다려야 할 것이 아닙니다. 우리는 그 둘을 동시에
해야 합니다.

피케티 그럼 저는 당신의 다음 책을 기다리겠습니다!

8. 남북 간 불균형은 해소될 수 있을까?

샌 델   그런데 말입니다, 이 논의가 시사하는 훨씬 어려운
문제가 있습니다. 평등과 불평등의 초국적인 차원과
관련된 것으로, 당신이 다뤄온 문제이지요. 더 평등
한 사회는 시민들 사이의 더 강한 유대에 달려 있다
는 데 우리가 동의한다면, 이는 특별한 도전입니다.
당신이 평등을 위한 어떠한 프로젝트도 초국적인 차
원을 가져야 한다고 생각한다면, 저도 동의는 하지
만, 당신은 그것이 실제로 가능하리라 여기나요? 그
건 어떤 모습일까요? 국민 국가를 넘어선 충성과 소
속감의 형태를 만들어내는 것이 가능할까요? 우리는
심지어 국민 국가 내에서도 탄탄한 공유성 의식을

형성하는 데 이미 큰 어려움을 겪었습니다. 우리는 어떻게 자원 공유를 위한 하나의 동기로서 공유된 정체성의 중요성에 주의를 기울이면서도 연방의 형태와 초국적인 형태로 범세계적인 재분배와 더 큰 정의를 실현할 수 있을까요?

피케티 저는 민주사회주의와 연방주의적이고 국제주의적인 사회주의를 옹호합니다. 저는 누진 세제를 채택한 일종의 세계합중국United States of the World을 바랍니다. 그렇게 되기까지는 오랜 시간이 걸릴 테지요. 우리가 다국적 기업과 억만장자들을 대상으로 한 글로벌 최저한세minimal global tax와 같은 구상에서 진전을 이루고 있기는 하지만요. 그렇지만 그전에 어떤 새로운 형태의 국제주의를 재건할 필요가 있다고 생각합니다. 우선, 누진 세제에 관한 한 단순히 기존의 국민국가 차원에서 할 수 있는 일이 훨씬 많이 있습니다. 미국 같은 나라를 보면 연방정부에, 유엔 또는 유럽이나 다른 누구의 허락도 필요 없이 대단히 누진적인 세제를 시행할 충분한 국가적 역량이 있습니다. 누진 과세, 할 수 있습니다. 해야만 하지요. 미국이라는 국가 차원에서 즉시 시행할 수 있습니다.

하지만 더 넓게 초국적 민주주의, 초국적 정의를 생각한다면, 저는 당신이 아주 잘 밝혀낸 것처럼 최근 몇십 년간 중도좌파 정부들이 자유 무역이라는 종교를 발전시킨 것이 큰 문제라고 생각합니다. 어떤 형태의 규제도 없이 너무 멀리 간 것이지요. 첫째로, 각국이 사람들에게 어떤 집단적 의무도 지우지 않고 국경을 넘어 원하는 어디로든 이동할 권리를 주었다는 의미에서 그렇습니다. 즉 누구나 미국과 프랑스, 혹은 독일에서 그 나라의 모든 공공 인프라스트럭처와 법체계, 학교와 병원을 이용하면서 부를 쌓을 수 있게 되었습니다. 그 나라 노동자들이 의존하고, 우리 같은 사람들이 의존하고 있는 그 모든 것을 이용하면서요. 그런 다음 버튼 하나 누르는 것으로 자신의 부를 개별 국가의 정부가 추적하고 과세할 가능성이 전혀 없는 다른 관할권으로 옮겨갈 수 있는 권리를 얻습니다. 그러고 나면 그 정부는 시민들에게 이렇게 말하지요. "그것참 유감이네요. 그 부가 어디로 가버렸는지 우리는 모른답니다. 우리가 할 수 있는 건 아무것도 없어요." 누군가가 버튼 하나만으로

부를 옮겨버릴 수 있도록 엄청나게 복잡한 국제법 체계를 만드는 데 바로 그 정부가 도왔다는 사실을 쏙 빼놓은 채로요. 여기에는 상당한 위선이 있습니다. 우리는 기본적으로 가장 부유한 이들이 공동의 의무를 완전히 회피할 수 있게 해주는 국제법 체계를 만들기 시작했는데요, 그러고 나서는 그것이 당연한 것처럼 가정합니다.

이는 국제주의라는 발상에 대해 할 수 있는 최악의 행동입니다. 사람들이 국제주의를 미워하게 만드는 비법이라고나 할까요. 도널드 트럼프가 이보다 더 온건한 체할 수 있다는 것이 어떤 면에서는 매우 서글프군요. 빌 클린턴이 그토록 밀어붙인 NAFTA를 볼까요? 2016년 미 대통령 선거에서 결국 NAFTA에 관해 더 온건해 보인 쪽은 힐러리 클린턴과 맞선 트럼프였는데요, 사실 그는 대체 협정 법안을 통과시켰지요. 멕시코에서 미국으로 자동차를 수출하려면 생산의 일정 부분을 시간당 20달러 이상의 급여를 주거나 비슷한 대우를 하는 지역에서 해야 한다는 조건을 달아서요. 솔직히 말하면, 그 법은 정확한 한도가 교묘하게 설정되어 구속력이 전혀 없었습니다. 미국 생산 중심지의 임금 수준에도 별 영향을 주지 못했고요. 따라서 그 법안은 실효성이 있다기보다는 트럼프의 제스처에 불과했습니다. 그런데 민주당이 통과시킨 NAFTA 법에 사회적 요소와 임금 조항을 넣으려고 대체 법안을 제정한 쪽은 트럼프의 공화당 행정부였다는 겁니다. 상황이 어떻게 해서 완전히 뒤바뀌었는지 보여주는 사실이지요.

같은 일이 우리나라에서도 벌어졌습니다. 사회당이 유럽을 완전한 자유 무역 지대로 통합하는 것과 중국의 WTO 가입을 지지할 때였지요. 2005년 국민투표에 부쳐진 유럽헌법은 자유 무역과 자유로운 자본 이동을 신성화하는 것으로 보였는데요, 당시 반대표가 압도적으로 많이 나왔던 곳은 프랑스 북동부의 작은 도시들로, 지금도 이곳 사람들은 여전히 르펜에게 많은 표를 주고 있습니다. 실제로 이 도시들은 중국의 WTO 가입 후 제조업 일자리가 크게 줄어들어 큰 타격을 입었습니다. 미국에서도 비슷한 연구들이 있는데요, 중국과의 경쟁 때문에 일자리가 가장 크게 줄어든 지역에서 트럼프에게 가장 많은 표를 주었다는 걸 알 수 있습니다. 어떤 추산에 따르면, 이 추가적인 지지표가 없었다면 트럼프는 2016년 대선에서 이기지 못했을 수도 있습니다.

우리는 이 모든 사실을 심각하게 받아들여야 합니다. 그저 우파 포퓰리스트들을 비난하고, 그들의 '개탄스러운' 유권자와 지도자들을 비난할 수만은 없다는 걸 깨닫기 위해서라도요. 저는 집권한 좌파와 중도좌파 정당들이 자신들을 나무라야 한다고 봅니다. 또 그들이 국제주의와 세계화 체제를 구축한 방식은 보통 사람들의 미움을 살 수밖에 없다는 것을 깨달아야 한다고 생각합니다.

저는 국제주의자이자 사회주의적 국제주의자이기 때문에 이 점이 특히 속상합니다. 그러면 오늘날 우리는 이 상황을 어떻게 바꿀 수 있을까요? 저는 개별 국가와 정부들이 세계의 나머지 지역들과 맺는 경제와 금융 관계 면에서 어떤 조건으로 통합하기를 바라는지 결정할 권리를 가진다는 견해에서 출발해야 한다고 생각합니다. 아주 구체적인 사례를 볼까요? 당신이 프랑스에 살고, 이 나라는 기업 이익에 30퍼센트의 세금을 매기기를 원한다고 가정해봅시다. 여기에 프랑스에 수출하는 다른 나라들이 있습니다. 네

덜란드나 아일랜드 같은 유럽 국가든, 중국이나 브라질 혹은 미국 같은 다른 대륙의 국가든, 이들 국가는 기업 이익에 30퍼센트가 아니라 10~15퍼센트의 세금을 매기거나 아니면 0퍼센트의 세율을 적용한다고 해봅시다. 아마도 탄소세나 다른 사회 혹은 환경 관련 규정에서도 비슷한 불균형을 가정해볼 수 있을 겁니다. 그렇다면 프랑스는 이렇게 말하겠지요. "자, 당신들이 상품과 서비스를 우리나라에 수출하고 싶어 하는 건 알겠습니다. 그런데 우리 관점에서 보자면 프랑스에서 생산하는 기업들은 30퍼센트의 세금을 내지만, 당신들은 10퍼센트만 내기 때문에 조세 적자가 생기네요. 그러니까 당신들이 상품과 서비스를 우리나라에 수출할 때 그 20퍼센트의 조세 적자만큼 세금을 매기겠습니다." 이는 통상적인 보호주의가 아닙니다. 보호주의와 다른 점은, 만약 다른 나라가 법인세 비율을 30퍼센트로 올리거나 탄소 가격을 프랑스와 같은 수준으로 인상하면 무역 제재는 사라진다는 것이지요. 이는 모두를 더 높은 기준으로 끌어올리려는 시도라는 의미에서 통상의 보호주의와는 아주 다릅니다. 이상적으로는 이 정책에 따른 세수 중 일부가 지구촌 남부의 개발도상국들에 가야 합니다. 정책의 보편주의적 차원을 강조하기 위해서지요. 자, 만약 개별 국가들이 이와 같은 일을 하지 않고, 그저 모든 나라가 만장일치에 이르기를 기다리거나, 그들을 위해 이 문제를 풀어줄 대단히 광범위한 연합을 기다리기만 한다면 아무 일도 일어나지 않을 겁니다.

저는 어느 시점에서는 우리가 통상의 국경에서 벗어나 이와 같은 해법을 받아들여야 한다고 생각합니다. 어떤 이는 그것이 주권주의적 태도를 보여준다고 말할 수도 있겠지만, 저는 그것을 '보편주의적 주권주의universalist sovereignism'라고 칭하겠습니다. 글로벌 경제의 통합이 지속될 수 있는 조건들을 규정하기 위해 사회적·환경적 정의의 보편적 기준을 활용한다는 의미에서 그렇게 지칭한 겁니다. 어떤 사람들은 아주 언짢을 테지요. 분명 이런 정책이 금지된 것처럼 꾸미려고 법률 용어를 들이대는 사람이 있을 겁니다. 그들은 유럽연합의 법규를 끌어들일 겁니다. WTO의 규칙을 이용할 겁니다. 특정 국가에서 다수가 뭔가를 하고 싶어 할지라도 그것을 허용하지 말아야 하는 것처럼 가장하기 위해 역사적으로 보수주의자들이 흔히 썼던 법률적인 언어를 사용할 겁니다. 하지만 우리는 결국 무엇이든 '보편주의적 주권주의' 같은 것을 해야 할 겁니다. 국제주의가 완전히 무너지는 것을 피하고 싶다면 말이지요.

대안은 무엇일까요? 제가 생각할 때, 우리가 자본과 무역의 흐름을 통제하기 위해 그 같은 조치를 취하지 않는다면, 대안은 노동의 흐름을 통제하려는 이민 배척주의들과 정체성에 집중하는 사람들에게 그 자리를 내어주는 겁니다. 그렇게 되면 상황은 추악해지겠지요. 우리가 풀어야 하는 사회 문제와 환경 문제를 풀 수 없게 될 겁니다. 물론 어떤 이들은 이렇게 말하겠지요. "좋아, 이건 재앙이 될 거야. 그렇지만 언젠가 그들은 지겠지." 글쎄요, 트럼프는 2020년 미 대통령 선거에서 졌는데 다시 대권 도전을 위해 돌아왔지요(트럼프는 2024년 대선에서 당선됐다_옮긴이). 우리가 그런 전략을 시도하며 시간을 너무 오래 끄는 게 바람직한 건지 잘 모르겠습니다. 이른바 '진보주의자'들 혹은 스스로를 진보주의자로 묘사하기를 좋아하는 이들이, 사실은 점점 더 자신들을 세계화의 승자들을 옹호하는 상황으로 몰아넣게 될 위험이 실제로 있으니까요. 그리고 그들이 옹호하는 현실이 굳어져 버리면 상황을 바꾸기란 대단히 어려울 겁니다.

그러니까, 맞습니다. 국제주의는 재건되어야 합니다. 그 일은 자유 무역과 자유로운 자본 흐름을 위해 30~40년 전에 발전시킨 것과 같은 체제의 토대 자체에 의문을 제기하는 것으로 시작해야 합니다. 저는 변화가 민주적인 운동을 통해 평화적인 방식으로 오기를 바랍니다. 하지만 변화는 또한 지구촌 남부의 엄청난 압력을 통해서 올 수도 있습니다. 왜냐면, 저는 여기서 방 안의 큰 코끼리(잘 보이지만 다들 말하기를 꺼리는 문제_옮긴이 주)는 규제받지 않는 자유 무역이 부상한 것, 그리고 북부의 풍요가 지구의 거주 적합성을 극적으로 떨어트리면서 이뤄진 것이라고 보기 때문입니다. 그 피해는 먼저 지금 우크라이나에서 싸우는 데 협력하라는 압력, 그리고 더 일반적으로는 지구촌 북부가 정한 의제를 따르라는 압력을 받는 남부 국가들에 돌아가고 있지요. 하지만 남부의 많은 나라는 이렇게 생각하고 있습니다. "자, 보세요.

당신들은 단지 자신의 이익, 자신의 풍요만 생각하고, 당신들이 부유해지면서 우리에게 끼친 모든 피해에 관해서는 전혀 아랑곳하지 않잖아요." 그래서 글로벌 경제·금융·재정 시스템과 환경 규제의 변화를 이루려는 이 모든 노력은, 지구촌 북부 사람들을 세계화나 국제주의와 화해시키는 동시에, 이를테면 어떤 형태의 공유된 프로젝트를 통해 남부와 북부를 화해시키기 위함입니다. 이렇게 하지 않으면 우리는 극히 대립적인 상황에 맞닥뜨릴 겁니다.

샌　델　당신이 방금 제시한 의견을 제가 제대로 이해했다면, 주권을 가진 국민 국가들, 특히 거대 국가들은 기업들이 조세 회피처를 찾거나 자본을 옮겨 자국 내에서 세금을 피하는 것을 막는 일방적인 정책을 시행할 수 있습니다. 그런데, 당신은 비현실적이라고 여길지 모르겠지만, 기업에 대한 최저한의 세율을 정하기 위한 글로벌 협정을 맺거나 초국적 기구들을 설립하는 것도 또 하나의 접근 방식이 되지 않겠습니까? 너무 어려운 일이라고 여기나요?

피케티   우리는 두 전략을 동시에 추구해야 합니다. 그런 일
이 진전되게 하려면, 제가 설명한 것과 같은 일방적
인 행동이 필요합니다. 그리고 당연히 동시에 국제적
인 협력을 제안해야 하고요. 협력은 국제협력개발기
구OECD 차원에서 최저한세의 형태를 취할 수도 있고,
아니면 이상적으로는 유엔 차원에서 기업 이익과 억
만장자들을 대상으로 과세하는 형식을 따를 수도 있
겠지요. 이 과정은 최근 15퍼센트의 최저한세를 물리
려는 OECD의 계획에 대부분 국가가 동의하면서 기
업 이익에 대한 과세 쪽으로 조금 나아갔습니다. 하
지만 세부적인 내용을 파고들면 여기에는 두 가지
중요한 문제가 있어요. 개별 국가가 최저세율 15퍼센
트를 피해 갈 수 있는 수많은 구멍이 있단 말이지요.
게다가 어쨌든 이 최저세율은 너무 낮은 데다 부유
한 나라들만 혜택을 봅니다. 기본적으로 남부의 가난
한 나라들은 새로 얻은 세수 가운데 1퍼센트 미만을
가져갑니다. 그러니까 실제로 이것은 워싱턴과 파리,
베를린의 정부들이 현재 조세 회피처에 있는 세수를
자기네끼리 나눠 가지려는 게임입니다. 남부 국가들
은 제쳐놓고 말이지요.

116

이는 남부 국가들의 관점에서 도저히 받아들일 수 없는 것입니다. 이 나라들은 오랫동안 OECD 조세 협약이 아니라 유엔 조세 협약을 요구했는데요, 유엔과 달리 OECD는 부국 클럽이잖아요? 그러니까, 부국 클럽 회원국들은 당연히 세수를 자기네끼리 나눠 가지려는 경향이 있지요. 반면에 유엔에는 사하라 남부 아프리카 국가와 남아시아 등지의 나라들이 있습니다. 2023년 유엔 총회에서 모든 나라가 유엔 조세 협약에 찬성표를 던졌습니다. 서유럽 국가와 미국만 제외하고는 말이지요. 브릭(BRIC, 브라질·러시아·인도·중국_옮긴이) 국가들도 모두 이 결의안에 찬성했습니다. 아프리카의 모든 국가, 라틴아메리카의 모든 국가도 그렇고요. 하지만 서방에서는 어떤 국가도 이에 대해 언급하지 않습니다. 대신 모두가 우크라이나에 관해서 떠들지요. 물론 우크라이나도 그 자체로 대단히 중요한 사안입니다. 그렇지만 우리는 신뢰, 국제 정의, 그리고 남북 간 재분배 문제를 무시하고 있습니다.

이는 잘못된 겁니다. 북부가 2세기 동안 발전한 다음이라서 특히 그렇지요. 다시 말하지만, 북부의 발전은 전 세계의 원자재와 자연자원, 노동 없이는 이뤄질 수 없었습니다. 제가 앞서 면화 사례를 언급했는데요, 아프리카에서 북아메리카로 간 노예의 노동으로 유럽 제조업에 사용되는 면화가 생산되었습니다. 19세기 초 면화 생산이 활발했던 중국과 인도를 밀어내고 말이지요. 우리는 이 모든 사실을 알고 있습니다. 오래된 이야기지만 우리는 곧잘 잊어버리곤 하지요. 예컨대 OECD 조세 협약 같은 구체적인 사안을 논의할 때처럼요. 그래서, 네, 우리에게는 더 많은 국제 협력이 필요합니다. 하지만 덜 위선적이고 남부의 처지를 진정으로 헤아리는 방식으로 해야 합니다.

그리고 우리는 너무 순진해서는 안 됩니다. 저는 결국 개별 국가들이 당장 할 수 있는 일을 할 필요가 있다고 생각합니다. 그들은 언제나 세계적인 연합이나 만장일치를 원한다는 사실을 핑계로 삼지 말아야 합니다. 물론 그런 협력도 밀어붙일 필요가 있지만요. 저는 유럽에서 제가 사회연방주의social federalism라고 부르는 것을 지지합니다. 저는 그동안 각국 의회에 바탕을 둔 다른 형태의 유럽 의회를 촉구했습니다. 다수결에 따라 유럽 차원의 탄소세와 부유세를 도입할 수 있는 의회 말입니다. 저는 또 유럽연합과 아프리카연합 간 합동 의회를 촉구할 겁니다. 지중해 양쪽에서 공동으로 과세하고 글로벌 공공재의 재원을 마련하기 위해서지요. 그러니까 저는 열성적인 국제주의자이자 연방주의자입니다만, 동시에 우리가 앞으로 나아가려면 각국이 이러한 일방적인 전략을 밀고 나갈 필요도 있다고 생각합니다. 우리는 그 두 가지 전략 중에서 하나를 선택하려고 하면 안 됩니다. 우리에게는 둘 다 필요합니다.

샌 델 기후 변화 문제를 다룰 때 이런 접근 방식을 어떻게 적용할지 논의해보면 어떨까요? 우리가 본 것처럼 탄소 배출을 줄일 책임에 대해 각국의 합의를 끌어내는 것은 매우 어려운 일입니다. 우리가 글로벌 기후 회의를 할 때마다 힘든 협상이 벌어졌습니다. 글로벌 협정에서 일부 서방 국가들, 특히 미국이 밀어붙였던 한 가지 방안은 거래 가능한 탄소 배출권을 허용하자는 것이었습니다. 이는 각국이 자국의 탄소 배출을 줄이는 방법뿐만 아니라 다른 나라가 탄소 배출을 줄이도록 돈을 내고 대신 배출권을 얻는 방법으로도 그 목표를 달성할 수 있게 허용하면, 더 과감한 감축 약속을 받아들일 것이라는 뜻입니다. 이런 방식에 대해서는 어떻게 생각합니까?

피케티　글쎄요, 그것은 미국이 자기네 탄소 배출을 줄이지 않으려고 댄 핑계에 불과하지요. 저는 그 방안은 받아들여지기 어렵다고 봅니다. 게다가 장래의 어느 시점에 세계의 나머지 지역에서 강한 반발을 불러일으킬 것이라 생각합니다. 언젠가는 그런 일이 터질 겁니다. 지난 200년 동안 미국과 서유럽의 누적 탄소 배출량을 세계 인구 중 이 두 지역이 차지하는 비중과 비교해보면, 이 두 지역의 인구 비중은 전체의 20퍼센트에도 못 미치는데 누적 탄소 배출량은 전체의 60~70퍼센트에 이릅니다. 러시아와 중국을 합쳐도 전 세계 인구의 40퍼센트가 채 안 돼요. 그런데도 누적 탄소 배출량은 전체의 80~90퍼센트를 차지합니다.

　미국과 유럽에서 탄소 배출을 큰 폭으로 줄여야 합니다. 이제 조금씩 감축이 시작됐지만, 1인당 탄소 배출량은 믿기 어려울 만큼 높은 수준에서 출발했습니다. 사람들은 종종 말합니다. "오, 하지만 중국을 봐"라고요. 현재 중국의 탄소 배출량이 대단히 많은 건 사실입니다. 그렇지만 중국에는 10억이 넘는 인구가 살고 있습니다. 이는 마치 스위스 사람들이 프랑스에 이렇게 말하는 것과 같습니다. "이것 봐, 우리는 탄소 배출량이 아주 적어." 사실 스위스 인구는 프랑스의 10분의 1밖에 안 되지요. 이건 바보 같은 게임입니다. 만약 인구가 적은 나라들이 자기네는 인구가 적으니까 계속해서 오염 물질을 배출해도 되는 것처럼 행동한다면 어떻게 될까요? 우리는 그리 멀리 나아가지 못할 겁니다. 우리는 1인당 배출량 수준을 봐야 해요. 그런 측면에서 보면, 사실 미국은 몇십 년 동안 1인당 15톤 넘게 배출해왔습니다. 유럽 국가들은 1990~2000년까지 1인당 10~12톤 넘게 배출해왔고요. 중국은 1인당 8~9톤을 넘기지 않고 발전을 계속할 수 있는 것으로 보입니다. 물론 기술이 변화했다거나 50년 전에는 지금만큼 많은 것을 알 수 없었다고 주장할 수 있습니다. 부분적으로는 사실이고, 결국 우리는 이런 식으로 발전해왔으니까요. 이것이 우리가 부유해진 방식입니다. 당신과 저를 포함해 우리는 50년 전이나 200년 전에 우리의 나라들이 한 선택에 책임이 없습니다. 그러나 오늘날 우리의 책임을 생각할 때, 이 점을 고려하지 않기로 한 결정에는 책임이 있습니다.

그러면 해법은 무엇일까요? 제가 앞서 설명한 국가주의, 사회주의, 그리고 자유주의 이데올로기 사이에서 벌어지는 큰 전투 중 하나를 보도록 할까요? 트럼프나 마린 르펜 같은 국가주의자들은 갈수록 더 강하게 이런 말을 할 겁니다. "좋아, 당신들은 중국이나 인도 대신 우리가 돈을 내게 하고 싶겠지. 우리는 내고 싶지 않은걸." 문제는 국가 대 국가 간 재분배를 원한다면, 미국이 돈을 내고 프랑스가 돈을 내고 하는 식으로 되어야 하는데, 그러면 막다른 길에 다다르게 되리라는 점입니다. 왜냐면, 이 전투에서는 국가주의자들이 이길 테니까요. 미국에서는, 아마도 프랑스와 유럽에서도 이렇게 말하는 사람이 많을 겁니다. "자, 보라고. 나는 그다지 부자가 아니야. 왜 내가 돈을 내야 해? 중국에는 아주 부자인 사람들이 많이 있잖아. 왜 내가 그들 대신 돈을 내야 해?" 그 방식은 작동하지 않을 겁니다. 이 투쟁에서 우리가 특정 지역 대표로 싸우지 말고 계급 투쟁으로 더 가까이 옮겨가야 할 이유가 여기에 있습니다. 우리는 억만장자와 거대한 다국적 기업들이 미국이나 중국, 혹은 유럽 중 어느 곳에 있든 그들이 돈을 내도록 해야 하는 것이지요. 2015년에 열린 파리 기후정상회의에서 부자 나라들은 기후 보상에 기금을 내놓기로 약속했지만, 아프리카와 남아시아에서 녹색기술에 투자하는 데 필요한 돈과 비교하면 너무나 적은 금액이었습니다. 그리고 이처럼 아주 적은 금액조차 아직 조성되지 않았습니다. 저는 각국 정부에 자국의 일반 예산에서 이 돈을 내라고 요구하는 한 이 방식은 작동하지 않으리라 봅니다.

대신 우리는 최상위 억만장자와 다국적 기업들이 낼 글로벌 세금 중 일부가 곧바로 남부 국가들에 가도록 해야 합니다. 각국의 인구에 비례해, 그리고 어쩌면 기후 변화에 노출된 수준에 비례해 맞춤식으로 명시된 비율을 보내는 것이지요. 앞서 우리는 억만장자나 다국적 기업들에 적용할 최저한세를 언급했습니다. 저는 이 세수 일부가 곧바로 세계의 각 국가로 가야 한다고 생각합니다. 그곳에 과세 기반이 있는지, 억만장자나 다국적 기업들이 특별히 그 나라에 투자했는지와 무관하게 말이지요. 더 넓은 시각으로 200년간 지구상의 기후 피해와 산업 발전을 살펴보면, 중요한 것은 모든 나라가 기후 변화에 노출되어 있다는 사실이니까요. 특히 남부 국가들이 그렇습니다.

우리는 개발할 권리, 스스로 통치할 권리, 스스로 결정할 권리에 관한 기본적인 견해로 돌아가야 합니다. 사하라 남부 아프리카와 남아시아 국가들이 녹색에너지와 태양광 에너지에 투자하고 학교와 병원에 투자하려면 최소한의 세수가 필요합니다. 미국이나 프랑스에서 여론이 그것을 받아들이게 할 유일한 방법은, 특별히 고액 자산가와 대기업들을 겨냥해 직접돈을 내게 하는 겁니다. 그런 수준이 아니라면 효과가 없을 거예요. 만약 우리가 그 같은 일을 전혀 하지 않으면, 중국과 러시아가 끼어든 지정학적 경쟁이 벌어질 겁니다. 그들은 정치적 영향력이라는 면에서 대단히 의심스러운 조건과 함께 다른 재원 조달 방식을 제안하겠지요. 더 기꺼이 받아들일 수 있을 방안

을 서방 국가들이 내놓지 않는다면 그런 일이 일어
날 겁니다. 아주 명백하지요.

샌 델 국경에 관한 질문을 하나 하면서 당신의 국제주의적
사회주의 원칙들을 시험해볼까 합니다. 국경을 개방
하지 말아야 할 어떤 이유가 있을까요? 합당한 원칙
에 근거한 이유 말입니다.

피케티 같은 질문 같군요. 우리는 이웃과 지역, 국가, 대륙,
세계라는 서로 다른 수준에서 정부를 두고 있습니다.
우리는 이 각각의 수준을 봐야 하지요. 자치 정부와
국제 협력을 놓고 볼 때, 각각의 '비용'과 편익은 무
엇일까요?

　　더 구체적으로 말하자면, 사람들의 자유로운 이동
에는 언제나 특정한 공공재의 수요가 수반되는데요,
그것이 교육이나 교통이든, 아니면 환경이든 그 재원
을 마련할 필요가 있다고 생각합니다. 일례로, 유럽
의 학생들은 유럽연합 회원국들의 결정에 따라 공부
하고 싶은 곳이 있다면 역내 어느 나라로든 자유롭
게 갈 수 있습니다. 저는 이것이 굉장한 원칙이라고

생각합니다. 유럽연합의 가장 큰 성취 가운데 하나이지요. 유일한 문제는, 우리가 이 대학의 재원 조달에 관해 아무 계획도 세우지 않았다는 점입니다. 그 학생들이 자국 대학에 가도록 프랑스나 독일의 납세자들이 돈을 댔는데, 나중에 그 학생이 다른 나라로 옮겨가 버리는 상황도 생길 수 있지요. 게다가 유럽에는 공동의 연방 소득세가 없습니다. 결국에는 재원이 부족해질 텐데, 그런 점에서 이는 매우 이상한 시스템입니다. 그래서 우리는 공동의 재원 조달 계획을 세워야 합니다. 이제 우리가 다른 지역 학생들을 받을 때도 비슷한 문제가 생깁니다. 지난 10년 동안 우리가 유럽에서 구축한 시스템은, 유럽 밖에서 온 학생들에게 매우 높은 수업료를 부과하는 것이었습니다. 현재 상황은 말이지요, 우리가 프랑스의 대학에 노르웨이나 독일의 학생을 데려오면 그 학생이 내는 돈은 거의 없습니다. 그러나 말리나 방글라데시의 학생을 데려오면 이 학생들은 1인당 5000유로 내지 1만 유로를 내야 합니다. 이것이 우리가 할 수 있는 최선일까요? 잘 모르겠습니다. 저는 우리가 사람들이 더 자유롭게 돌아다닐 수 있고 더 많은 학생이 올 수 있게 하면 좋겠습니다. 하지만 그러자면 재원을 조달할 국제 조세 체계가 따라와야 할 겁니다.

이는 일반적인 질문에 대한 하나의 구체적인 사례나 답변이지만, 제가 말하고자 하는 일반적인 논지를 잘 보여줍니다. 우리가 대학이든, 병원이나 주택이든, 교통이나 인프라스트럭처든, 각종 공공 서비스의 재원 조달을 위해 충분히 좋은 계획을 세운다면 사람들의 자유로운 이동을 강력히 제한할 이유가 전혀 없습니다. 물론 이는 아주 중대한 가정이지요. 하지만 저의 민주주의적·연방주의적·국제주의적 사회주의 관점에서 중요한 것은, 우리가 자유로운 이동과 국경 개방에 훨씬 가까이 다가가야 한다는 점입니다.

샌 델 그렇다면, 현재 부자 나라들은 가난한 나라로부터 오고 싶어 하는 이민자들을 막을 권리를 가지고 있습니까?

피케티 권리라는 게 무슨 뜻인지요? 저는 우리 모두 더 나은 체제를 생각할 권리를 가지고 있다고 생각하는데요. 우리는 모두 더 나은 일련의 제도를 생각해낼 의무도 지니고 있지요. 따라서 유럽이 지금 당장 전 세계의 이민자 유입에 충분히 개방적이냐고 묻는다면, 저는 아니라고 답하겠습니다. 현재 우리의 전략은, 지중해에서 1만 명이나 5만 명이 더 죽게 해서 아무도 이 바다를 건너고 싶지 않도록 해야 한다는 것입니다. 이것이 우리가 할 수 있는 최선입니까? "우리도 그에 관해 많이 생각해왔다. 그리고 지중해를 둘러싼 문명이 2000년 동안 이어진 다음에 우리가 인간의 이동을 규제하기 위해 찾아낸 최선의 해법은 이것이다." 우리는 지금 이렇게 말하고 있는 건가요? 당신이 제게 이것이 최선의 해법이냐고 묻는 거라면, 이렇게 답하지요. 아니요, 이것은 최선의 해법이 아닙니다.

우리는 오늘날처럼 부유했던 적이 없습니다. 따라서 당연히 지금보다 훨씬 더 잘할 수 있습니다. 하지만 우리는 가장 힘센 경제 주체들이 민주적 통제에 책임을 지도록 하고, 공공재의 재원 조달에 기여하게 만드는 평등주의 의제를 야심 차게 밀고 나가는 것을 포기했습니다. 그렇기 때문에 우리의 문제를 놓고 이민자를 탓하고, 국경이 지나치게 개방적이라고 비난하는 이민 배척주의 담론이 생겨났다고 봅니다. 사실 5억 명에 이르는 유럽 인구와 비교하면 이민자는 얼마 되지도 않지요.

9. 경제와 정치의 미래

샌 델   토마, 제가 여기서 당신을 재촉한 것은 우리가 대담
을 끝내기 전에 논의해야 할 것이 있기 때문입니다.
좌파의 미래가 그것입니다. 제가 볼 때 사회민주주의
정당들의 가장 큰 정치적 취약성 중 하나는 애국심
과 공동체 의식, 소속감 같은 가장 강력한 정치적 정
서들을 우파가 독점하도록 허용했다는 점입니다. 이
민 문제를 다루다 보면, 우리는 국경의 도덕적 의미
에 관해, 그리고 서로 의존하고 책임지는 공동체로서
의 국가의 도덕적 의미에 관해 질문할 수밖에 없습
니다.

　　저는 좌파 정치의 미래는 이런 질문에 더 완전한

답을 찾아내느냐에 달려 있다고 느낍니다. 애국심을 우파 정당들에 넘겨주는 것은 실수라고 생각합니다. 사회민주주의 정당과 진보 정당들은 애국심과 소속 감이 무엇을 의미하는지 그들 자신의 개념을 명확히 밝힐 수 있어야 합니다. 예컨대, 기업들이 상품을 팔 고 이익을 내는 나라에서 세금을 내기보다 조세 회 피처를 찾는다면, 이는 경제적 애국심을 저버린 것이 라고 할 수 있지 않을까요? 기업들은 자신들이 성공 할 수 있게 해준 나라에 세금을 내고 공익에 기여할 의무가 있지 않나요?

하지만 이런 사례를 넘어 좌파 정당들이 특히 최 근 몇십 년간 일체감, 소속감, 공동체 의식, 공유된 정체성의 윤리를 명확히 밝히는 데 어려움을 겪었다 는 것에 동의합니까? 좌파가 전통적으로 강조한 연 대와 시민적 자부심, 그리고 시민들 간 상호 의무는 어떻게 되었나요? 시민적 자부심이라는 건전한 의식 은 외국인 혐오와 초국가주의hyper-nationalism에 대한 대안을 제공할 수 있습니다. 여기에 사회민주주의자 와 민주사회주의자들이 관심을 기울이는, 더 관대한 복지 국가를 지원하는 것도 필요하지 않겠습니까?

피케티 먼저 저는, 도널드 트럼프나 마린 르펜에게 표를 던지는 주된 원인은 이민자 유입보다는 실업, 특히 무역 경쟁으로 인한 제조업 일자리의 상실이라고 봅니다. 이 두 사람이 많은 표를 얻고 있는 특정 지역들을 실제로 들여다보면 알 수 있지요. 이 점을 인식하는 게 중요하다고 생각합니다. 따라서 어떤 지역에서 트럼프나 르펜의 지지율이 매우 높게 나온 까닭을 이민자 유입이나, 외국 혹은 비유럽국 출신 인구 비율로 설명하려 하면 밝힐 수 있는 게 거의 없습니다.

샌 델 그렇지만 어떤 지역에서는 이민자가 거의 없는데도 이민 문제가 두드러집니다. 왜 그럴까요?

피케티 현상을 설명해주는 관찰 가능한 사건이 없는 건 아닙니다. 많은 것을 설명해주는 또 다른 관찰 가능한 사건이 있는데, 그것이 바로 일자리 파괴란 말이지요. 이 문제를 생각해보겠습니다. 당신은 제게 좌파는 왜 이 문제에 대응할 수 없었는지 묻고 있습니다. 글쎄요, 그들이 무역과 일자리 문제를 중요하게 다루지 않은 탓이겠지요. 그들은 정체성 담론이나 이민자 문제에서 국가주의 우파와 경쟁해 이길 수 없을 겁니다. 이 전선에서 국가주의 우파는 늘 더 확신을 주니까요. 제가 보기에 중요한 것은, 유권자들에게 진정으로 핵심적인 문제를 다루는 겁니다. 미국에서 트럼프가 가장 많은 표를 얻은 지역에서 중요한 예측 변수는 제조업 일자리 상실이라는 건 매우 분명합니다. 이슬람 국가나 다른 어느 나라에서 오는 이민자 유입 때문이 아닙니다. 그건 확실히 잘못 짚은 것이지요.

프랑스에서도 같은 변화를 볼 수 있습니다. 역사적으로 국민전선National Front을 지지하고 르펜의 아버지 장-마리 르펜Jean-Marie Le Pen에게 표를 던진 유권자들은 도시 지역에 더 많이 살았고, 또 이민자들 가까이 살았습니다. 그리고 역사적으로 르펜에게 투표한 이들 중에는 북아프리카에서 온 이민자들에게 확실히 화가 난 사람들이 있었지요. 이 유권자들은 먼저 니콜라 사르코지Nicolas Sarkozy의 자유시장 우파 공화당Les Républicains에 완전히 흡수되었습니다. 2022년에는 또 많은 이들이 에릭 제무르Éric Zemmour에게 표를 던졌는데요, 그는 아주 강경한 반무슬림 후보였습니다.

어떤 면에서는 르펜보다 더 과격하게 무슬림 반대를 외치면서도, 경제 문제에서는 자유시장을 부르짖었지요. 현재 제무르는 아주 부르주아적인 인종주의자들의 표를 얻고 있습니다. 그들을 그렇게 부를 수 있다면 말이지요. 그리고 도시 거주민의 표도 얻고 있습니다. 르펜은 당 이름을 국민전선에서 국민연합 Rassemblement National으로 바꿨는데요, 이 당에 남은 표는 이민자가 없는 소도시들로부터 나온 것입니다. 이 도시들에서 진짜 쟁점은 유럽의 무역 통합과 2005년 유럽헌법 조약에 반대하는 것이었습니다.

프랑스에서 사르코지가 집권했을 때, 그는 자유주의 우파와 자유시장의 목소리였습니다. 그는 정체성 문제에 매우 강경한 모습을 보임으로써 이런 사람들에게 호소하려 했습니다. 아주 강경했지요. 그는 이렇게 말했습니다. "여기, 북아프리카에서 온 수많은 젊은 소년 소녀들, 특히 젊은 소년들이 있습니다. 우리는 그들을 제거해야 합니다. 우리는 어디든 경찰을 보낼 겁니다." 하지만 동시에 그는 의회에서 2005년 유럽헌법 조약을 쉼표 하나 바꾸지 않고 비준하기를 원했습니다. 유권자들이 국민 투표에서 이미 반대한 조약인데 말이지요. 그 유권자들은 이제 이렇게 말했습니다. "그래, 당신들은 단지 북아프리카 사람들을 과격하게 대하면 우리의 표를 얻을 수 있다고 생각하지. 하지만 우리는 기본적으로 거기엔 관심 없어. 우리에게 중요한 문제는 무역 경쟁이야. 이민자들이 튀르키예에서 오든, 중국이나 알제리, 멕시코에서 오든, 그건 중요하지 않아. 문제는 우리가 일자리를 잃고 있다는 거라고."

또 다른 문제는 소도시 사람들이 언제나 오명을 쓰고 있다는 점입니다. 이는 미국에서도 아주 중요한 문제라고 생각하는데요, 그들은 예컨대 자신의 차를 굴리고 개인 주택을 소유하는 것에 대해 비판을 받습니다. 대도시 사람들에게서 탄소 배출과 기후 변화에 책임이 있다는 말을 듣고요. 대도시 사람들은 그렇게 말해놓고 자기는 로마에서 주말을 보내려고 비행기를 타고 가겠지요. 탄소를 훨씬 더 많이 내뿜어대면서 말이지요. 저는 이처럼 실업과 무역, 경쟁, 교통, 주택 같은 구체적인 문제들 때문에 유권자들이 중도우파 정당과 중도좌파 정당 모두로부터 버림받고 있다고 느끼게 된 것으로 생각합니다. 정체성 문제보다 훨씬 더 중요한 것들이지요. 정체성 문제를 놓고 국가주의 우파와 경쟁하려는 정치인들은 이런 유권자들을 끌어들이지 못했음을 알 수 있습니다. 프랑스의 경우 사르코지와 제무르가 그랬지요. 이 유권자들이 진정으로 요구하는 것은, 경제의 세계화와 경제 시스템이 조직된 방식을 바꾸는 겁니다.

요컨대 좌파의 문제는, 경제가 조직된 방식에 의문을 제기하지 않았을 뿐만 아니라 그런 체제의 발전을 옹호해왔다는 것이라고 봅니다. 당신이 이 점을 잘 보여주었지요. 이 문제는 지금껏 진지하게 다루지 않았던 것들입니다. 오늘날 좌파는 기본적으로 이렇게 말하고 있으니까요. "그래, 우리는 국제적인 합의를 좀 이루어야 해. 우리는 국제적인 합의를 좀 이루어야 해. 우리는 국제적인 합의를 좀 이루어야 해." 국제적인 합의를 이루지 못한다면 그들은 무엇을 할까요? 아무것도 하지 않습니다. 제가 앞서 설명한 일종의 일방적인 행동이 매우 중요한 것은 바로 이 때문입니다. 좌파가 "맞아, 우리는 공동 과세와 탄소세, 다른 모든 것에 대해 어떤 국제적인 합의를 기다리고 있어"라고 말하는 한, 이는 기본적으로 대중에게 이렇게 말하는 것입니다. "다른 나라들이 합의하지 않으면 우리가 할 수 있는 건 아무것도 없어. 한 가지만 빼고는 말이야. 우리가 따를 수 있는 경제 정책이 딱 하나 있는데, 이민자와 정체성 문제에 대응해 우리의 국경을 통제하는 것이지." 자, 우리가 몇십 년간 대중에게 그렇게 말하면서 우리가 통제할 수 있는 건 그것뿐인 것처럼 꾸몄다면, 정치 토론이 온통 국경 통제와 정체성에 관한 것뿐이라 해도 놀라지 말아야 할 것입니다. 저는 이것이 어떤 대가를 치르더라도 피해야 할 덫이라고 생각합니다. 왜냐면, 결국에는 이것이 국가주의 진영의 승리로 이어질 테니까요.

이제 국가주의 진영도 논점을 가지고 있습니다. 다시 한번 산업혁명 이후의 정치적 담론을 단순화해 보면, 그것은 국가주의, 자유주의, 사회주의라는 세 갈래의 큰 이념적 계통과 관련되어 있습니다. 저는 이 주요 계통들이 각자 일리 있는 논점을 가지고 있다고 생각합니다. 자유주의는 정치적 견해의 다양성을 강조하고 시장의 힘을 역설함으로써 정치 발전에 이바지했습니다. 경쟁도 어느 정도 번영에 이바지했는데요, 막대한 사회적 비용과 피해, 환경 파괴가 뒤

따랐다는 점을 제외하면 그렇습니다. 그리고 자유주의가 제기한 도전에 대응하는 방식에는 두 가지가 있습니다. 먼저 민족적·국민적 결속을 강조하는 국가주의가 있습니다. 이 방식이 꼭 어리석은 것만은 아닙니다. 경우에 따라 효과적일 수 있어요. 우리는 당장 세계 정부를 가질 수 없습니다. 따라서 지역 공동체 수준에서 지역적 관심사와 결속을 더 중시할 필요가 있지요. 하지만 국가주의 이데올로기가 풀 수 있는 문제에는 여러 한계도 있습니다. 이 이데올로기는 대개 전통적인 지역 엘리트들의 권력을 유지하기 위한 방패막이로 이용되기도 했습니다. 다음으로는 다양한 형태의 국제주의적 사회주의 혹은 민주사회주의가 있는데요, 다른 대안적 경제 체제를 건설하려는 것입니다. 이는 대단히 어려운 일이지만, 사회민주주의와 탈상품화, 누진 세제가 부상하면서 믿을 수 없을 만큼 성공을 거두었습니다. 저는 민주주의가 작동하는 데는 오로지 하나의 기둥만 필요하다고 생각하지 않습니다. 이 세 개의 기둥이 각각 튼튼해야 합니다. 하지만 소련이 무너진 이후 사회주의라는 기둥이나 재분배를 중시하는 좌파의 기둥은 약해졌지요.

민주주의가 국가적 차원과 초국적 차원에서 제 기능을 다하기를 원한다면, 우리는 그 기둥들이 다시 강해지도록 해야 합니다.

샌 델 저는 여기에 미묘한 차이가 있을 수 있다고 보는데요, 제가 한번 설명해볼 테니 그 차이를 알아볼 수 있는지 말해주세요. 토마, 저는 당신이 정체성 문제와 경제 문제를 구분한 것만큼 뚜렷이 그 둘을 구분하지 않으려 합니다. 물론 저도 초세계화 시대의 무역 정책에 따른 실업이 엄청난 정치적 충격을 주었다는 진단에는 동의합니다. 그 충격이 트럼프와 르펜 같은 인물들에 대한 지지율을 끌어올렸고, 마찬가지로 고삐 풀린 자본의 흐름과 경제의 금융화가 혼란을 불러일으켰지요. 그런데 여기에는 두 종류의 영향이 있습니다. 하나는 경제에 미치는 직접적인 영향입니다. 실업과 임금 정체가 그것이지요. 다른 하나는 정체성 정치와 관련된 영향입니다. 정체성 정치는 국경 문제나 이민 정책보다 넓게 해석되는 것인데요, 여기서는 정치의 표현적 차원expressive dimension에 호소한다는 것을 의미합니다. 우리는 존엄성과 인정에 관해 이야기했습니다. 그리고 제가 보기에 공동화된 산업 도시에 사는 사람들이 고통받는 것은 단지 임금 정체나 실업 때문만은 아닙니다. 사회의 다른 사람들, 혹은 사회를 통치하는 사람들이 동료 시민으로서 그들에게 관심을 기울이지 않고, 그들을 인정하거나 존중하지 않고, 그들의 존엄성을 무시한다는 느낌을 주었기 때문에도 고통받았다고 생각합니다.

피케티　심지어 기후 변화에 책임이 있다는 낙인까지 찍히고 말이지요.

샌　델　맞습니다. 당신의 낙인론은 인정과 정체성의 언어를 사용하는 것이지요.

피케티　확실히 그렇습니다. 그것은 결국 정체성의 문제가 되지요. 그 말에 동의합니다.

샌　델　좋습니다. 그래서 저는 엘리트들의 멸시와 이 낙인이라는 개념을 정체성 정치와 연결하고 싶습니다. 그것이 인정과 소속감을 중시하는 정치의 한 부분이라는 의미에서 말이지요. 제가 좌파의 미래를 볼 때, 우리는 인정의 정치를 무시할 수 없다는 생각이 듭니다. 우리가 좌파 정치를 되돌아보며 진단할 때뿐만 아니라, 앞을 내다보며 사회민주주의 정치를 위한 조건을 만들어내려면 무엇이 필요한가를 논의할 때도 그렇습니다. 그것은 일종의 정체성 정치입니다. 똑같은 것은 아니더라도…….

피케티   아니지요. 그것은 같지 않습니다.

샌 델   하지만 우리는 그것을 명확히 밝힐 필요가 있고, 그렇게 할 때 여러 불만을 인식하고 이름 붙여야 합니다.

피케티   하지만 그건 같은 것이 아닙니다.

샌 델   그래도 여전히 그 영역 안에 있지요. 그것은 실업처럼 순수하게 경제적인 사안이 아닙니다.

피케티   순전히 경제적인 것은 없습니다. 그것은 언제나 다차원적이지요. 그것은 우리가 이야기하고 있는 일단의 열망들입니다. 우리는 자기 차를 소유한다고 낙인찍히는 것을 언급했습니다. 그러니까, 예, 궁극적으로 그것은 정체성이 되지만, 그것은 민족적 기원과 종교, 혹은 피부색을 강조하는 것과는 매우 다른 형태의 정체성이지요.

샌 델 무슨 말인지 알겠습니다.

피케티 네, 좌파는 분명히 그런 종류의 정체성을 이야기하고 그에 반응해야 합니다. 저는 트럼프와 르펜이 하는 비판은 반엘리트주의라고 생각합니다. 그것은 정치적으로 효과가 있는데, 특히 미국에서 그럴 겁니다. 1980년대나 1970년대, 1960년대에는 경제적 엘리트와 고학력 엘리트들을 비롯해 모든 엘리트가 공화당에 투표했습니다. 민주당은 엘리트층에서 매우 낮은 득표율을 보였지요. 지금 데이터를 보면 사정이 다른데요, 저는 미국에 대해서도 최근 우리가 프랑스 선거에 관한 책에서 썼던 것과 같은 종류의 데이터를 쓰고 있습니다. 지역별로 보면, 가장 고급스럽고 부유한 지역 사람들이 역사적으로 공화당에 투표했을 겁니다. 그런 경향은 이제 바뀌었습니다. 변화는 트럼프가 나오기 훨씬 전에 시작됐고, 어떤 면에서는 그 변화가 트럼프의 부상을 불러왔습니다. 이제 가장 부유한 지역에서는 사실상 민주당에 표를 던지는데요, 트럼프식 공화당을 가능하게 한 것이 바로 이런 변화입니다. 하지만 다른 누군가는 이렇게 말할지도 모르겠습니다. "이것 봐요. 이 사람들은 평등을 지지하는 척만 할 뿐 모두 거짓말쟁이예요. 이들은 사실상 그저 자신의 특권을 방어할 뿐이라니까요." 우리는 이 사람들이 어디에 있는지 알 수 있습니다. 네, 그래요. 이들은 하버드에 있지요. 하지만 또 그 나라의 가장 고급스러운 지역에도 있습니다.

저는 민주당이 가장 부유한 지역에서 표를 잃기를 바랍니다. 민주당이 그런 지역에서 다수표를 차지하는 한 이는 그들의 제안에 뭔가 잘못된 게 있다는 것을 의미하고, 그들이 가난한 지역에서 표를 얻지 못하리라는 것을 뜻하니까요. 이는 그들이 늘 다른 진영으로부터 엘리트주의자로 그려지리라는 것을 의미합니다. 하지만 비엘리트층에 호소하는 방식이 이민자에 대한 우려를 가지고 공화당과 정체성 경쟁을

벌이는 것이 되어서는 안 됩니다.

샌 델 그런 의미라면 안 되지요. 당신 말을 들으니 제가 이번 겨울(2024년)에 겪은 일이 생각나네요. 가족과 플로리다주에서 휴가를 보내는 중이었습니다. 숙소에서 엘리베이터를 탔는데요, 엘리베이터 안에 있던 나이 많은 여성이 제게 어디서 왔느냐고 묻더군요. 저는 보스턴에서 왔다고 답했습니다. 제가 말한 건 그게 전부였지요. 그런데 그녀가 다시 "나는 아이오와에서 왔어요"라고 답하는 겁니다(아이오와는 미국 중서부 농업 지대에 있는 주입니다). 그러고는 이렇게 덧붙이더군요. "아이오와에서 우리는 읽는 법을 알아요." 저는 제가 하버드에서 왔다고 말하지 않았습니다. 제가 말한 건 보스턴이 전부였어요. 엘리베이터에서 내릴 때 그녀는 또 이렇게 말했습니다. "우리는 연안 지역 사람들을 별로 좋아하지 않아요." 이것이 어떻게 보면 정체성 정치입니다. 정체성 정치는 이민에 관한 것이 아니라 낮잡아 보인다는 느낌에 관한 것입니다. 그것은 인정에 관한 것이고, 존엄성에 관한 것이지요.

이 대담 내내 우리는 평등의 세 가지 측면을 논의했습니다. 하나는 경제적인 것으로, 소득과 부의 재분배에 관한 것입니다. 두 번째는 정치적인 것으로, 발언권과 권력, 참여에 관한 것이지요. 그다음으로 '존엄성', '지위', '존중', '인정', '명예', 그리고 '존경'에 관한 세 번째 범주가 있습니다. 저의 직감은 이 세 번째 차원이 정치적으로도 가장 강력하고, 아마 도덕적으로도 그러하리라는 것입니다. 그리고 앞의 두 가지 차원인 경제적·정치적 불평등을 줄이는 데 있어 우리가 어떤 희망을 품든, 그것은 인정과 명예, 존엄성, 그리고 존중 면에서 더 큰 평등의 조건을 만들어내는 데 달려 있을 겁니다. 직감이니 증명하기는 어렵습니다. 당신의 생각은 어떻습니까?

피케티   매우 타당해 보이네요. 우리가 언급한 주제 중 하나로 되돌아가서 보면, 저는 버니 샌더스와 엘리자베스 워런이 촉진한 것과 같은 민주사회주의 의제는 이 방향으로 계속 나아갈 것 같습니다. 장래에는 더 젊은 후보들과 비백인 후보들이 그렇게 할 수 있기를 바라고요. 이 방향으로 밀고 나간 것이, 그 의제가 특히 젊은 유권자들에게 성공적이었던 이유 중 하나라고 생각합니다. 여기서 성공적이란 것은 50세 이하 유권자층에서 샌더스와 워런이 바이든보다 훨씬 앞섰다는 사실을 말하는 겁니다. 제가 생각하기에 민주당은 바로 이 방향으로 계속 밀고 나아감으로써 희망을 되찾을 수 있을 겁니다. 그렇게 하면 단지 보스턴과 샌프란시스코뿐만 아니라 그 나라의 더 넓은 지역에서도 인정의 느낌을 되살릴 수 있을 겁니다. 유럽과 또 다른 지역에도 비슷한 결론을 내릴 수 있습니다.

샌　델　우리의 대담을 마무리 짓기 위해 저는 불평등의 기원에 관한 장-자크 루소의 에세이에서 한 구절을 가져왔습니다.* 토마, 이 구절은 우리의 대담을 관통한 주제에 잘 맞습니다. 왜냐면, 우선 루소는 불평등의 기원을 소유권의 발명에서 찾는 것으로 보이기 때문

• 장-자크 루소, 《인간 불평등 기원론Discourse on the Origin and the Foundations of Inequality among Men》, 1754.

입니다. 하지만 그러고 나서 루소는 그 발명도 오직 우리가 서로를 인정하고 인식하는 태도의 변화 때문에 가능했다고 설명합니다. 따라서 저는 이 구절을 읽어주고, 당신이 그런 식으로 해석하는지 보려고 합니다.

먼저, 불평등의 기원을 소유권으로 설명하는 대목입니다. "땅 한 조각에 울타리를 친 다음 '이 땅은 내 것'이라고 말할 생각을 해내고는, 순진하게도 그를 믿는 사람들을 발견한 첫 번째 사람이야말로 문명사회의 진정한 창시자다." 루소는 계속 말합니다. "만약 누군가가 그 말뚝을 뽑아버리고 …… 동료들에게 '이 사기꾼의 말을 듣지 마라. 이 땅의 과실은 우리가 모두 평등하게 소유한 것이며 땅 자체는 누구의 소유도 아니라는 것을 잊어버리면 너희는 끝장이다'라고 외칠 수 있었다면 얼마나 많은 범죄, 얼마나 많은 전쟁, 얼마나 많은 살인, 얼마나 많은 불행과 공포를 피할 수 있었겠는가."

이 자체만으로도 상당히 강력한 주장입니다. 하지만 루소는 또 이렇게 덧붙입니다. "이 소유권이라는 관념은 그에 앞선 몇 가지 관념들, 느리게 이어진 사건과 정신적 향상에 의존한다(루소가 문명이 일종의 타락을 부른다고 생각했음을 기억한다면, '정신적 향상'은 반어적으로 말하는 것임을 알 수 있지요)." 루소는 인간의 원시 상태를 상상합니다. 사람들이 자신을 의식하지 않고 자신을 비교하지 않았던 때를요. 그 후 시간이 지나면서 사람들은 큰 나무 주위로 모여들어 노래하고 춤추기 시작했습니다. "모두가 다른 사람들을 살펴보기 시작하고 자신도 살펴봐 주기를(혹은 올려다봐 주기를) 바랐다. 그리고 뭇사람의 존경은 가치를 지니게 됐다. 노래를 가장 잘 부르는 이, 춤을 가장 잘 추는 이, 가장 잘생긴 이, 가장 튼튼한 이, 가장 솜씨 좋은 이, 가장 말 잘하는 이가 가장 큰 존경을 받게 됐다." 루소는 명예와 인정을 위한 이 경쟁이 '불평등으로 가는 첫걸음'이었다고 말했지요. 이 말이 맞다고 생각합니까?

피케티 루소의 말에 관해서는 더 오랜 시간 이야기할 필요가 있겠습니다만, 저는 그의 진술에서 두 부분이 다 중요하다고 생각합니다. 두 번째 부분도 당신이 능력에 관해 이야기한 것과 관련이 있다고 보고요. 불평등을 비롯해 우리가 다뤄야 할 여러 문제의 기원은 복합적이고, 재산의 불평등과 재능의 불평등 둘 다에서 생기는 것으로 여겨집니다. 사람들은, 승자들은 정당화하고 패자들은 낙인찍힐 수 있게 이런 것에 도덕적 의미를 부여할 겁니다. 이 모든 것이 중요합니다. 실제로 이 모든 것이 루소의 글에 담겨 있군요.

하지만 제가 생각하기에 루소가 아주 명백히 밝힌 한 가지는, 문제는 최초의 울타리와 최초의 한 조각 사유 재산이라기보다 재산의 한도 없는 축적이라는 점입니다. 이는 루소의 글에서 매우 분명히 드러나고, 제가 발전시키려는 견해이기도 합니다. 문제는 집이나 차를 소유한 사람들이 아닙니다. 문제는 재산이 소수의 손에 믿기 어려울 만큼 집중되고, 이는 권력의 집중과 더불어 생긴 것이라는 점입니다. 어떤 사람들은 많은 권력을 쥐는 반면에 어떤 사람들은 아무런 통제권도 갖지 못하지요.

그러니까, 부와 재산의 소유권은 단지 돈에 관한 것만이 아닙니다. 그것은 나 자신의 삶과 사회의 나머지 사람들에 대한 협상력에 관한 것이기도 합니다. 우리가 가진 게 아무것도 없거나 빚만 지고 있다면, 어떤 노동 조건이나 임금도 받아들여야 합니다. 왜냐면 집세를 내야 하니까요. 빚은 샌더스가 학자금 부채를 억제하는 식으로 해결하려고 했었지요. 가족이 있다면 우리는 또 생활비를 내야 합니다. 우리가 10만 달러, 20만 달러, 30만 달러만 갖고 있다면, 글쎄요, 억만장자가 보기에 그건 무일푼이나 다름없지 않을까요? 그에게 이 정도의 금액과 무일푼은 아무런 차이가 없습니다. 하지만 그건 사실상 큰 차이가 있지요. 이 정도 돈이 있으면 우리는 계획을 세울 수 있으니까요. 집을 살 수가 있습니다. 뉴욕이나 파리가 아니더라도 다른 지역에서 집을 구할 수 있지요. 작은 사업을 시작할 수도 있고요. 이제 제안받은 일자리를 조금 더 까다롭게 고를 수도 있을 겁니다. 그렇게 되면 고용주나 자산가들은 좋아하지 않겠지요. 하지만 까다로워지는 것이 우리가 원하는 것일 수 있습니다. 그래서 불평등은 실제로 권력과 협상력에 관한 문제입니다. 제가 루소에게 동의하는 것은, 문제는 재산 축적이라는 점, 사유 재산 자체의 끝없는 축적이라는 점입니다.

샌 델 자, 우리는 평등이 무엇을 의미하는지, 그것이 왜 중요한지 탐구하려고 소득과 부에서 권력과 발언권, 존엄성과 인정에 이르기까지 드넓은 영역을 다뤘습니다. 루소처럼 평등의 의미를 생각하다 보면 경제학과 철학, 그리고 정치 이론을 가로지르게 된다는 것도 알았고요. 저는 이런 대화가 계속 이어지기를 바랍니다. 감사합니다, 토마.

피케티 감사합니다, 마이클.

기울어진 평등

초판 1쇄 발행 2025년 5월 2일 | 초판 3쇄 발행 2025년 6월 2일

지은이 토마 피케티, 마이클 샌델 | 옮긴이 장경덕

펴낸이 신광수
출판사업본부장 강윤구 | 출판개발실장 위귀영
단행본팀 김혜연, 조기준, 조문채, 정혜리
출판디자인팀 최진아, 김가민 | 출판기획팀 정승재, 김마이, 이아람, 전지현
출판사업팀 이용복, 민현기, 우광일, 김선영, 이강원, 신지애, 허성배, 정유,
　　　　 정슬기, 정재욱, 박세화, 김종민, 정영묵
출판지원파트 이형배, 이주연, 이우성, 전효정, 장현우

펴낸곳 (주)미래엔 | 등록 1950년 11월 1일(제16-67호)
주소 06532 서울시 서초구 신반포로 321
미래엔 고객센터 1800-8890
팩스 (02)541-8249 | 이메일 bookfolio@mirae-n.com
홈페이지 www.mirae-n.com

ISBN 979-11-7347-553-5 (03300)

옮긴이   장경덕

작가이자 번역가. 33년 동안 저널리스트로서 자본주의 정글을
탐사하며 석학들을 두루 만났다. 〈매일경제신문〉 논설실장, 고
려대학교 관훈정신영기금 교수를 지냈다. 《부의 빅뱅》《애덤
스미스 함께 읽기》《정글경제 특강》《정글노믹스》를 썼고, 《보
수주의》《좁은 회랑》《공포: 백악관의 트럼프》《21세기 자본》
《렉서스와 올리브나무》 등을 우리말로 옮겼다.